阆中市离退休教育
工作者文集

岁月

Sui Yue
Ru Ge

如歌

汤勇 主编

四川文艺出版社

主　编

汤　勇

副主编

孙绍龙　　鲜仕远　　苟正跃　　董　飞
缪　官　　李勇军　　李小珍

编　委

侯国刚　　侯兴国　　毛明文　　侯洪波
岳启勋　　贾信太　　寇义德　　赵小平
母　松　　陈　兵　　张治平　　邓维斌
刘光泽　　戚永希　　胡永跃　　蒲天德
陈安祥　　杨万凯　　薛秉钧　　蒲仕平
王锡元　　马冠之　　汤德金　　祝尚益

执行编委

侯国刚　　侯兴国　　毛明文　　侯洪波
刘光泽

RUGESUIYUE

行走在幸福教育的路上

阆中市教育和科学技术局党委书记、局长　汤勇

又是火热的六月，丰收的六月。

灯下，翻阅这部阆中市离退休教育工作者用心血凝聚的文集，就像瞻仰一幅幅七彩绚烂的教育画卷，就像倾听一首首荡气回肠的人生长诗，就像欣赏一曲曲和谐宁静的天籁之音。这是教育人发自肺腑的心声，有辛勤耕耘后收获的喜悦，也有历经风雨人生后的真谛感悟。他们的老有所为、老有所学、老有所乐、老有所养，都融在了这部具有浓郁乡土气息和教育情结的文集里。

想起这些年我们在离退休教育工作者工作上的真心付出，我感到十分欣慰。阆中有三千多名离退休教育工作者，过去，为阆中教育的发展，他们任劳任怨、呕心沥血、无私奉献，可以说，没有他们，就没有阆中教育的发展，就没有阆中教育的今天。岁月不饶人，自然规律不可违，人都会慢慢变老，他们的当年就是我们的今天，他们的今天就是我们的明天。因此，我们把关爱老同志作为最基本的执政理念，在全系统提出，不关爱老同志的同志不是好同志，不关爱老同志的领导不是好领导。为此，不论是阆中市离退休教育工作者协会的成立，还是各项工作

制度的建立完善，不论是老同志各种待遇的尽力落实，还是各种有益身心健康活动的有效开展，不论是对老同志的生活关爱，还是对老同志的学习引领，我们都力求体现爱心、善心、良心、感恩心和责任心。如今，系统上下都能像尊重自己父母一样尊重老同志，都能像关心自己父母一样关心老同志，都能像呵护自己父母一样呵护老同志。虽然有付出，但我们更有收获，更有快乐，更有追求。

想起这些年离退休教育工作者给予我们工作的理解支持，我常常心怀感动。全市离退休教师大多年事已高，有的身体欠佳，有的家庭条件不是很好，但无论是组织集中学习、开展健身锻炼，还是宣传解释政策、探望慰问老人等等，处处都有他们忙碌的身影。回城分会现有高龄教师 120 多人，最大的 95 岁，平均年龄 81 岁，他们早年在农村工作，现退休后回城定居，退休工资不高，有的子女还下了岗，但他们时刻对党和国家满怀感激，资助贫困学生、为学困生无偿补课、关爱空巢老人……还有很多同志，为教育勇于建言献策、奔走呼吁，把余热回馈社会，把快乐布满人间。这些可亲可敬的前辈，用朴实无华的人格操守和一生不变的教育信念，为教育发展倾其力，尽其情，给我们带来了和谐祥顺的工作氛围，让我们能够静心安心用心地做教育，他们在付出中收获幸福，我在他们的幸福中收获幸福，收获感动。

推出这部文集，我们的出发点之一，就是要让这些宝贵的财富得以传承。教育发展需要一代又一代的接力，老前辈用岁月作纸，用理想作笔，用心血作墨，抒写满腔赤诚、经年未老的教育心，展示以天下为己任、以责任为担当的教育人风范，表达延续文明、传承文化的真知灼见和切身感悟。他们严谨治学的精神、宝贵的教书育人经验、深刻的教育人生感悟，必将对我们这些后来人产生深深的启迪，必将成为我们干好本职工作、实现教育理想、追求个人价值、拥有幸福人生的不可多得的精神财富。

推出这部文集，我们的出发点之二，就是要激励后来者奋发有为。想当年，老前辈们工作条件异常艰苦，工作报酬十分微薄，家庭负担更是沉重，但他们没有怨天尤人，而是用一生的坚守和辛勤的付出，换来了桃李满天下。现在他们虽然退下了，却是退而不休，仍然为教育发展而思考，而奔走，而作为，而添砖加瓦。在职的时候，他们是我们的标杆；退休之后，他们更是我们的后盾。他们虽已临近夕阳，却依然老有所为，作为行走在幸福教育路上的我们，更应大有作为。

推出这部文集，我们的出发点之三，那就是在感恩中前行。没有前辈们的教育培养，作为个体的我们不可能发展，作为大局的事业不可能有如此的辉煌，阆中教育更不可能发展到今天这样的高度。我常说，与今人相处时短，与后人相处时长。把前辈们对教育事业的痴心挚爱，对后来者的殷殷嘱托，对阆中教育未来的切切期盼，以这种方式传存下来，是对他们不求回报的一种回报，是对他们不图感恩的一种最好感恩。

这个六月，阳光特别绚烂，特别多情；行走在教育的路上，特别温馨，特别幸福！让我们携起手来，从这里出发，从现在出发，走向教育那明亮的远方……

2012 年 6 月于古城阆中

﹥﹥﹥ 🕯️目录

一、鹤发丹心
HE FA DAN XIN

二、　学海觅珍
XUE HAI MI ZHEN

三、　多彩人生
DUO CAI REN SHENG

四、 育才有道
YU CAI YOU DAO

五、 古韵新声

GU YUN XIN SHENG

一、鹤发丹心

　　古稀之年，想起往事，心头总会泛起朵朵幸福的涟漪——这是教育人特有的幸福感，这种幸福感因对教育的忠诚而绵长恒久。有了对教育的忠诚，他们青春无悔，甘作蜡烛，即使耗尽自己，也要以余晖映人生、辉映世界。在他们的笔下，教育永远是最幸福的回首和最快乐的情结。人或已老，他们的期盼还在，梦想常在，而且依然那般至纯至真……

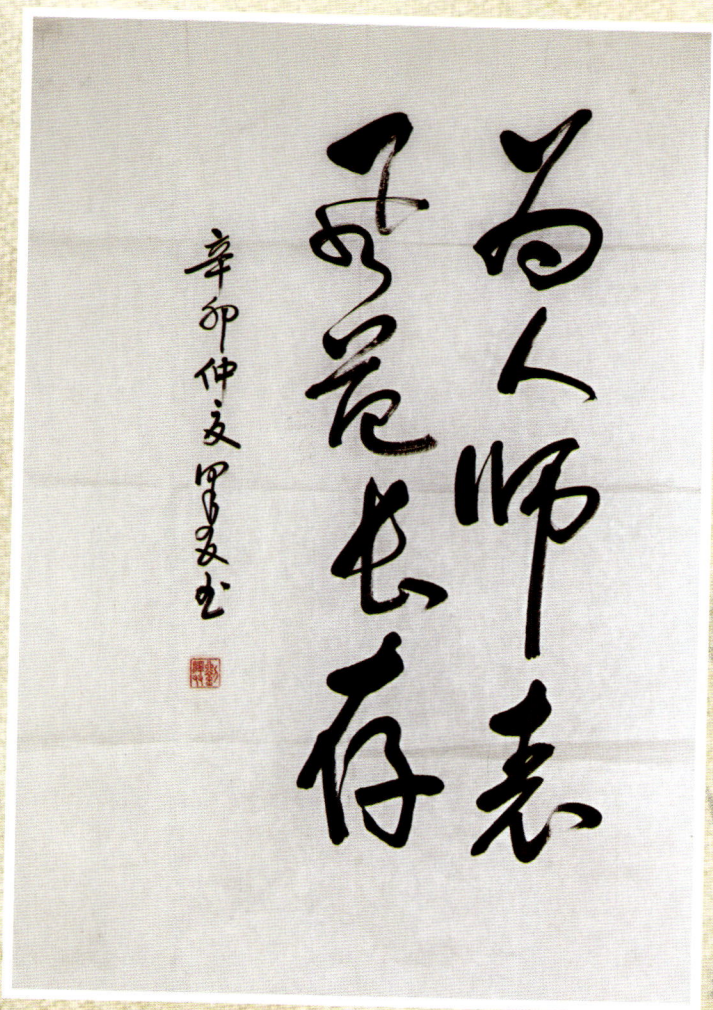

书法　刘泽友

荷香

岁月如歌

辛卯年六月李瑞朝拟

国画　李瑞朝

夕 阳 颂

◇侯国刚

友人劝我，年纪大了，少坐在屋子里写文章，多出去走走，多些户外活动才好。我一想，真是的，我一写文章，就会想到一些不愉快的事，常常一边写一边生气。这样写出来的文章，总是刺多花少，发表出来就得罪人。我这辈子因舞文弄墨吃了不少苦头，为什么还要干这些别人不喜欢，自己触霉头的蠢事呢？现在城里高楼林立，车流如潮，卡拉OK刺耳，人们难得片刻宁静，于是向往山水，回归自然的情绪滋生起来，有的以舟车远游为时尚，有的便就近游大佛寺、锦屏山，避避城市的喧嚣。我为什么还不"看破红尘"，也借山水修身养性，淡忘一些"凡念"呢？

可我没有游览名山大川的福气，就是大佛寺、锦屏山这些地方也不愿意多去，因为这些名胜景点人工粉饰太重，你走在现代的水泥地面上，置身于似古非古的曲廊画阁中，人和自然之间便有了一道无形的栅栏，使你产生一种回归不得的尴尬与无奈。

我住在西城区。西门河坝王家嘴一带沿江的那几个大河滩已长成几片大好林子，在这些林子里随意闲逛，或坐在河岸边任江风吹拂，抬头可见远山如黛，晚霞似锦；近看脚下那一片片沙洲，现在也是瓜藤碧绿，硕大的西瓜在其间泛白；身后或远或近的林中草间，还有牛羊若隐若现：这俨然是一幅富有田园韵味的风景画。微风过处，一股浓郁的泥土气息扑鼻而来，直入肺腑。这时你疲劳顿消，感到清爽、恬淡而闲适，比躺在厅堂里的沙发上惬意多了。

这天天气热，晚饭后我又去王家嘴河坝，漫步在凉风习习的林子里，忽地记起一首小诗来："一朝插嫩柳，千林散绿荫。入夏伴凉风，幽香入诗心。"边走边吟这些诗句，感到整个身心已融入这片凉幽幽的林子，眼睛里是一片凉幽幽的绿色，心境充满了凉幽幽的绿意。正在迷醉之间，几缕斜阳穿林而来，斑斑点点洒在我的脚前。我便紧走几步，来到林边最突出的蓬松着两株柳树的那个土埂上，坐下来看夕阳。

嘉陵江波光粼粼地从西北方向流来。远处，江天虚画出淡淡的山影，那轮夕阳便在山影之上暮霭之中，似坠犹浮，欲归还留，虽然它已显得没有多少力气了，但依然执着地倾吐着火红的光焰，好像一定要把它仅有的那些光和热，全部都洒在人间，才能安心地离去。这幅绚丽的图景，太苍凉，太悲壮，深深地震撼了我的心灵。我们常把老年人比作夕阳，这的确很贴切。看着夕阳，我脑海里一下子浮现出许多夕阳似的面容来。

十多年前，我在当时的县文教局工作。一天，阆中中学老教师蔡松蹒跚而来，她对局长说："我老了，身体不大行了，我要退休呵！"局长有些为难。当时大学生大多不愿教书，学校骨干教师少，大有青黄不接之势。记得有一年，暑假分配大学生时，县里还派一位局长带上优惠政策专程去南充接收大学生。蔡老师已经 66 岁了，因当时缺少化学教师，对她一留再留。这次，局长仍笑着对她说："蔡老师，这届毕业生只差一个学期了，你再坚持一期吧！"不久便是春节，大家热热闹闹过年，蔡老师却一个人在家里备课做化学实验。开学后，"三八"妇女节，她带着慰问品去医院慰问生病住院的女教师，可第二天她自己却倒在了讲台上！在她的追悼会上，她的同事和学生泣不成声，许多人自动加入送葬队伍，送她的人在万人以上，其盛况在阆中没有第二个人可与之相比。

保宁中学的杨兆镛老师，虽然有病在身，但直到退休时还教语文当班主任挑教学重担。她个子较高，加上体弱多病，更显得瘦骨嶙峋。不少时间她带病工作，看她走路的样子，决然不像一个病人。她也是"超龄服役"，送走的最后一个班，仍然是全校乃至全镇成绩最优秀的。但她退休后，没有享什么清福，便一病不起。临终时，她切切嘱咐家人，不要把她的死讯早早告知亲友和组织，不要让人买什么花圈祭幛，也不要开追悼会，让她静静地走。因此，她遗体火化后好几天，我们才得到噩耗。杨老师就这样"静静地走"了，走得我们揪心痛肠！

多年前我读过一篇小说，故事情节早忘了，但其中对夕阳的一段描写还清楚地记得。让我把它抄在下面作为这篇小文的结尾吧："每当我看到夕阳灿烂的余晖，我就激动得流泪，我感到这是一天最美的时刻，好像一个人把他心灵和生命的全部的美，最终完全呈现出来了。它是这样的奇异，这样的瑰丽，既令我刺心地痛苦，又激起我巨大的昂奋。"

岁月如歌

菊园小记

◇侯国刚

　　说来好笑，这个菊园只有 2.5 平方米，是垒在院角屋檐下的一个长方形的土台。李老师搬土运砖，忙了整整两个星期天，还挨了老伴的几句骂，才弄出这么个小园来。当时的风气，城镇人家住在有点空土的地方，大都是种点葱蒜或韭菜，李老师却全种了菊花。我第一次到他家去，一见那在秋风中开得蓬蓬勃勃的丛菊，精神为之一振。但随即想到，种花养鱼在批判之列，近来院子里花盆都不让放，弄出这么个小园来，菊花又开得这么显眼，合适吗？我把这顾虑告诉李老师，他淡淡一笑，说："大自然总是要生长花草树木的。"

　　后来，果然就为了这么个菊园，李老师挨了一顿大字报，被批判了好几次，菊园也被"革命小将"们"造了反"。过了一段时间，造反派们顾不得追究这菊园里的"封、资、修"了，李老师无事可做，索性把精力都用在菊花上，菊园又逐渐兴旺起来。我常常同他在菊园旁坐着闲聊。一天我说："有人说你当'逍遥派'，不关心国家大事呵！"他反问我："怎么关心呢？"我说："参加斗争嘛！"他看看周围没人，说："你看那些眼睛都斗红了的人，是关心国家大事还是争权夺利？"我愕然了，无话可说。沉默一阵之后，谈起了菊花，他说："菊花是我国的特产，可以说是我们的'国花'，现在世界各国繁殖起来的菊花，都是中国菊花的后代。古人种菊，是拿来食用的，屈原有'夕餐秋菊之落英'的诗句；菊花还有重要的药用价值，并不像有些人攻击的那么高傲。'宁肯抱香枝上老，不随黄叶舞秋风。'人们不去同情她'抱香'老死，却去指责她'不随黄叶'，这公平吗？"说着说着，李老师动了感情。他心中的激愤，我是理解的。停了停，他继续说道："人们总认为菊花太孤傲，其实是误会。'荷尽已无擎雨盖，菊残犹存傲霜枝。'她不忍看着疏林空园长此荒凉下去，这才抖擞精神在寒风里开花，不顾'蕊寒香冷'，在'寒凝大地'的时候给自然界带来一点生气和希望，我们怎好还批评她呢？"

　　李老师的话深深地打动了我。我想起了李老师的为人。人们常常议论他孤僻冷漠，其实他对自己的事业十分热爱。记得"大串联"后号召"复课闹革命"，大家虽然去上班，却是有名无实，每天老师们到教研室吹一阵"小道消息"，便各自散去。学生不到学校，到校也不进教室。可李老师不知怎么弄来了三个学生，他认认真真地给他们讲课，讲完了还要布置作业。听说要做作业，有个学生就开溜。李老师着了急，赶上去硬拉了回来，那孩子火了，当面骂他"臭老九"。他说："你爱怎么骂就怎么骂，但作业必得做！"没有法子，那孩子终于还是做了作业。我们见他一本正经地给三个学生上课，暗地里都笑他"呆"。然而慢慢地，他的班竟奇迹般地有多半人复课了。

　　我曾问他："学生那样骂你，你还教他干啥？"他叹口气道："孩子是我们的希望，我们不能没有希望呵……"

　　这以后我被调回本县工作了。去年秋天，我借出差之便去看李老师。一进院子，首先照亮我眼睛的又是那小小的菊园。金黄、雪白、淡紫、深红的花，一簇簇似绒球，一盘盘像葵轮，蓬蓬勃勃，开得热闹极了。李老师高兴地迎了出来，他那瘦削的脸上虽然皱纹愈见增多，两鬓的白发也添了不少，但也像园里的菊花，精神着呢。我们又在菊园旁坐

岁月如歌

着喝茶。谈起他的身体，他说："愈见不行了。腰常痛，眼睛不好使，工作很吃力。"不等我开口，他女儿小菊就顶他说："什么吃力？你没看到在课堂上——他一站上讲台就精神百倍呢！"老伴在厨房里忙说："死丫头，就会说顶板儿话，没见你老子每天回到家，往椅子上一歪，就像瘫了一样？"听妈妈这么一说，小菊也不反驳，瞅着我直笑。我知道小菊是在用反语批评爸爸不爱惜身体，便对李老师说："既然感到吃力，现在有股退休热，为啥你不退了让小菊顶班？"这一问，他脸上闪出了一些不愉快的神色，说："是啊，比我身体强壮的都有人退。这种情况不太正常，是多种原因造成的。但看现在学校里，我们这样的老家伙还得有一点。再说，孩子顶班也要让他能靠自己的本事吃饭。不然，即使我们给了他们一个金饭碗，就能心安理得么？所以我想再好好干两年，同时让小菊再读点书。"退休，顶班，子女安排，一提起这些问题，就会触动我们教师最敏感的那几根神经。可是李老师对这些问题却另有想法，这使我陷入了久久的沉思。一会儿，李老师又兴奋起来，指着菊花对我说："你记得陈老总《开国小言》那首诗么？他写得真好，'幽燕秋花发，从此岁不寒'。"我点点头，懂得他的意思。

　　在回去的路上，小园，丛菊，连同李老师那瘦削的脸庞，在我脑海里闪闪烁烁，久久不能消逝，最后幻化成一朵很大很大的菊花，占据了我的整个思维空间。我也想起两句菊花诗来："非是花中偏爱菊，此花开后更无花。"的确，花草中争春的多，斗寒的少，菊花是值得珍爱的。

蜡烛精神赞

◇侯国刚

在未有电灯之前，蜡烛是很好的照明工具。它比火把、松明方便，比如豆的油灯明亮。"蜡炬成灰泪始干"，它把自己的全部光辉都献给了人们。

有人说，教师像蜡烛：照亮了别人，毁灭了自己。

的确，从某种意义上说，教师的工作很像蜡烛的照明。试想，流着鼻涕的儿童，知识贫乏的青少年，要是没有教师教他们识字、计数，指导他们学习各种科学知识，使他们逐渐认识这光怪陆离的大千世界，懂得人类社会纷繁的过去、灿烂的未来，那么，他们虽有双眼，不是也和"睁眼瞎子"差不多么？即使是奇才伟人，也离不开教师的启蒙和引导。达尔文无比感激他的指导老师亨斯罗教授，鲁迅忘不了他的藤野先生。就说陈景润吧，他怎能忘记第一个敲开他数学思维的门扉，激励他去攀摘"皇冠上的明珠"的那位数学教师呢？还有王亚南、华罗庚、闵嗣鹤等教授，不都为陈景润的成长浇注了自己的心血吗？

但是，照亮了别人，就毁灭了自己吗？答曰：非也。

要说毁灭，世界上万事万物，都有生有灭，没有永世长存的东西，蜡烛自然不能例外。它发完了光，当然是要熄灭的，连太阳也是如此。但是，即便熄灭了，它也有个光辉的一生。而这，却不是一切东西都有的。例如一块湿柴，即使放在热炉明火中，它也只会在呛人的浓烟中化为灰烬，于人没有多少好处。

不应忘记，我们今天照亮的"别人"，和旧社会里的情形完全不同，他们都是革命的后代，壮丽的共产主义大厦的建造者。苏联早期影片《乡村女教师》，对我们很有启发。虽然年轻的华尔华拉终于满头银霜，但她教育的那些孩子，却成长为专家、教授、工程师、战斗英雄……像群星一般，在建设祖国的各条战线，继续着她的事业，闪耀着更为灿烂的光辉。华尔华拉毁灭了吗？没有，完全没有。她的辛勤劳动使"桃李满天下"，应当说，她青春常在，光焰不灭。

所以，教师像蜡烛，却又胜似蜡烛。

广大教师深明此理。他们十分懂得自己肩负着重大而光荣的职责，他们忠诚于党的教育事业，燃烧着自己的心血去照亮革命接班人的扇扇心窗。特别是打倒"四人帮"后，一些本来打算病退的教师，又收回了递上去的报告；不少年逾花甲的老教师，又回到学校继续战斗；南京大石桥小学年近七旬的斯霞老师，一直坚守在教育岗位上……真像蜡烛一样：油不尽，光不灭。我赞美蜡烛，赞美崇高的蜡烛精神。我更赞美教师，人民教师的精神和事业更为崇高！

人·太阳

◇侯国刚

人到晚年，就会想到身后事，就会产生一种紧迫感。这是很自然的，"夕阳无限好，只是近黄昏"呵。但是，不同的人有不同的想法和打算。秦始皇晚年，忙着的是修骊山墓；达尔文在最后的日子里说，"我一点也不怕死，我难过的只是我已经没有力气把我的研究继续下去了"；鲁迅晚年在病榻上盘算的，是体力恢复后做什么文章，翻译或印行什么书籍，并且催促自己"要赶快做"。

最近看斯霞老师的教学影片，这位七旬老人仍然生气勃勃地战斗在教育第一线。课间休息时，她竟然还同孩子们一起跳橡筋绳，而且是这样的意真趣浓。在绳子飞舞中跳跃的这位白发苍苍的老太太，分明还有一颗活蹦乱跳的童心！一个人只要有了严肃的生活目的，即使到了垂暮之年，事业心也不会泯灭，而且，他越是知道自己接近天年，越是加倍努力，总想为身后多留下点东西。这真像夕阳，越是靠近山头，越是红得热烈，照得殷勤，如痴如醉地顾盼着人间。

其实，太阳坠落下去，并不是就此陨灭，它在十多个小时后，在相反的方向，又会像昨日一样光芒万丈地升起来。人有些不同，"陨灭"了就不会再"升起来"。然而人有太阳所没有的精神存在，这种精神存在就是人的本质和"能量"，这种精神能也是可以传递和转变的，像太

岁月如歌

阳能转变成土壤的内能、空气的动能、水的机械能、植物的化学能等等一样。如果把斯霞老师比作夕阳，那么，她就正在紧张地把自己的"能"传递给下一代，使之转变成各种不同形式的"能"，继续发热发光，永不衰竭。而且人的这种巨大的精神能的转变，不受能量守恒定律约束，它可以任人"创生"，这更是太阳能所不可企及的。所以，我们看到许多革命老前辈，他们为了祖国的独立、富强、繁荣，人民的解放，出生入死，奋斗一生，虽已暮年，仍然操劳着国家大事，牵挂着人民群众，鞠躬尽瘁，死而后已。他们是真正懂得了人生的真谛的。

我与学生的"翰墨缘"

◇侯兴国

秋天是一个放飞思念的日子，往往在这个时候，便有一些学生来看望我。

去年重阳节那天，我登山归来后接到了一个电话："老师，我是小胡，这次我从绵阳专程赶来看望您……"

"啊，绵阳，小胡——是他，一定是他，那是多么好的一个学生啊！"我坐在客厅里，静候他的到来，思绪将我拉回到三十多年前那难忘的岁月。

那时我在农村一所中学教书，老校长是个书法爱好者，他见一些学生书写潦草，便倡导在课余时间教学生写毛笔字，当时我是语文教研组组长，又当班主任，这个任务就责无旁贷地落到我的肩上了。

小胡是当时我带的那个班上年纪最小的，家里最穷的，然而却是成绩最好的学生——我永远也忘不了他那平平的头顶，圆圆的脸蛋，聪慧的眼睛……

我教学生学王羲之、柳公权，教他们写王冕的《墨梅》、李东阳的《蜀葵》、于谦的《石灰吟》……

但那时乡村交通不便，习字用的砚台不好买，因此，机灵的孩子们就把破碗的碗底翻转过来当砚台磨墨写字。

有一次小胡"碗底"里的墨水漏出来了，染污了邻座一位同学的习字本，那位同学要小胡赔本子。小胡腰无半文，急得要哭了，我便将自己一个还没用的教案本给了那位同学，同时把我的一方小石砚送给了小胡。

学生们学书法很投入，很认真。习字不久，大家都有了不同程度的进步，老校长还兴致勃勃地在学校举行了一次书法比赛。比赛结果小胡得了一等奖，校长亲自发奖，师生们高兴地为小胡鼓掌。

但是好景不长，想不到我教学生写的《石灰吟》等诗，不久被当成了反对"文革"的罪证贴到了墙上。习书法被斥为"复旧"，我送给小胡的那方小砚台也连同那些"碗底"被收走了……

清脆的门铃声将我从往日的时空中惊醒，我忙开门迎客，小胡带着他的秘书走进了我的客厅。小胡已是厅级干部了，但还是那么"小"。他问及我的健康，问及教师们的生活，一连叫了几声"老师"后，便说要送给我一份"重礼"。接着便从秘书手里接过一个精致的红木盒，双手捧给我，我打开一看，是一方"宝玉石苴却砚"。

啊，这的确是一份重礼——这是 1997 年中国文房四宝博览会上被誉为"砚国名珠"、"砚中瑰宝"、"并驾端歙"、"书画良友"的砚台，曾获得金奖的名砚。然而"笔砚无声心有声"，这方砚在我心中的重量远远不止这些。我和他共同捧着那无价的砚，他的秘书举起照相机，留下了这"执手相看泪眼"的一瞬间。

金垭白雪

◇侯兴国

我冒着漠漠霏霏的雪花，来到别了十余载的金垭。汽车爬上鸡公岭，公路像一段玉弧，十分从容地延伸在这幽寂的山垭上。

前面，金垭中学——几幢新楼，几处葱翠，几声鸟鸣……银白中显现着俊健，朦胧里透露出神秘，真有"尘氛顿去觉心清"之感。

我曾在这里执教 20 年，风风雨雨，往事如烟，然而我印象最深的还是这雪。

那凝脂似的湿润，那包容着纯真与温存的洁白，那化为涓涓细流奏着潺潺的抒情曲儿……

从前这所学校缺水，一入冬，山泉断流，师生便到二里外的老林湾井里去提，去挑。井水是甜津津的，然而大家的肩头却承受着沉重的磨压。但只要下一场雪，山上的泉水便又汩汩地流淌下来。

雪还把我们带回孩提时代，大家忘记了年龄的差异，同时释放出童稚的意趣，于是雪有了形象，有了魂灵，有了表情，有了生机。

一年一度雪依旧，一年一度桃李熟呵！

十多年过去了，当我重新踏入这方土地的时候，干净的校园在雪的洗涤下更加明丽、清秀了。

往日最高的建筑，同新修的教学大楼平行而立，相对地矮小了；幽

岁月如歌

静的教工宿舍院的屋脊上，电视接收天线比肩相列；山腰自来水塔里盛着昨日的希望与今天的甜美；绿树掩映的宽阔曲致的环校水泥路取代了昔日小道的泥泞；因全面贯彻教育方针连续六年获先进集体称号所得的奖状、奖旗在雪光的映衬下熠熠生辉。

我于欣喜中寻访往日的同事，他们大多已调走，我不禁有些怅然，可是当我一掉头，望着教学楼那讲台上一个熟悉的背影的时候，我就禁不住"呵"了一声！那微驼的背，那瘦弱的身躯，那板书的姿势，那稍稍埋着的头……呵，是他——当年的邻居廖老师。

呵，三十年来，他以一个数学教师的精确与求实的态度，书写着自己的人生公式：$X+Y=Z$。如果说 X 等于脚踏实地、Y 等于无私奉献，那么 Z 等于什么呢？

雪还在飘落，透过玻璃窗，我看到他满头华发，不觉鼻子一酸，眼睛也湿了！

他工作正忙，又是一个愿多做事不愿多说话的人，我们没有倾心长谈，便又匆匆而别了！

我默默向前走，雪野茫茫，仿佛到处都是路，但不一定每一条都是实实在在的。

斗笠·雨伞和小轿车

◇侯兴国

时值初春，瑞雪飘飘。

雪花落在山林里，山如玉琢般美丽，雪花落在田野上，田野如银海般的辽阔，风把雪花带进了黄土坡中心小学的校门。

校门口站着一个戴斗笠的老头儿，虽然看不清他的面目，但从他迎着风雪而立的那姿势，可以让人觉得那是一尊颇有乡土气息的雕塑。

这所学校的校舍已被确认为D级危房，即将拆去，因此，今春开学后，学校里原有的师生员工，都搬到新修的宽敞明亮的校舍里去了，这老头是唯一留在这里的看门人。

这老头儿姓李，壮年的时候曾经是这所学校的校长，这些危房，就是他当年发动群众自力更生建起来的，后来他退休了，而他手把手带出来的新校长又舍不得他走，便在老校长的"长"字前加上一个"门"字，从此他就当上了"老校门长"，数年如一日地驻守着这所学校的大门。

"这人当校长是那样，看守校门也是那样，硬是做哪样像哪样。"师生们这样评说。这话传到老李的耳里，他却面无表情，硬是有点受宠不惊的样儿。

老李当年搞勤工俭学练得一手编斗笠的好手艺，现在看校门又重操

...015

旧业，一有空便坐在校门边"搞弹"起来，他编的斗笠箬叶垫得厚，篾片压得紧，质量和外观都无可挑剔，在黄土坡一带堪称"笠坛一绝"。老李编的斗笠虽然又结实又精巧，但他千金不售，总是将其发给山村里买不起雨伞或者雪天忘记了带雨伞的孩子们。

一晃多年过去了，如今师生们搬进新校舍的喜悦与欢呼，在他的心里激起了一层层波澜……眼下他一个人留守在这里，风雪不断掀动他头上的斗笠，他索性摘下它，任雪花冰浸着他花白的头发，任料峭的风吹着他布满皱纹的脸和有些佝偻的身躯，他呆呆地站在那儿。他在等什么？现在孩子们都有了各式各样的雨伞、花花绿绿的雨披，还用得着这斗笠么？

明天这危房就要拆去，他亲手筑起的"干打垒"土墙，很快就将被推倒！夜晚他接到通知叫他明天不再上班了，那他还留恋什么呢？

雪还在飘落，新校长冒雪到校门口来找这位守门人来了，他紧紧地握住老李的手说："老校长，你在省城工作的女儿来接你来了！"

"女儿，她回来了？"老李心里一热，脸上融雪浸渍着他湿漉漉的眼睛。对话间一辆蓝鸟开到了校门旁的高等级公路边停了下来。

一个清秀文静的女教师模样的人从车上走下来，亲切而激动地喊道："爸爸，上车吧！"

新校长从老李手上接过斗笠，将一把崭新的雨伞送给他说："留个纪念吧！我们永远也不会忘记……"

老李小心翼翼地将雨伞折收起来，女儿扶着他上了车，他回头望望那即将拆去的危房，老泪纵横地笑了。

蓝鸟在无边的雪原上飞驰，天地更加宽广壮丽。

教苑轶事二则

◇侯兴国

书　包

女教师文淑，退休后在名城开一书包店，因所售书包价廉物美，其薄利多销之所积甚为可观，遂为市民中小富。

一日，听其在乡教书的女儿说：班上有一名叫纪书的女生，父母因病双亡，与其外婆相依为命，上学三年仍背一补丁书包……文淑闻言甚悯之，遂托女向该校送书包100个，并扶济纪书人民币千元。

事隔月许，文淑偶感风寒，于家静养。忽闻门铃乍响，起身开门，见一女孩捧一包红橘伫立门外，口中喃喃有语："我是纪书，这是我外婆送你的……"

文淑手捧甜果，感慨之余，见其装橘的旧包上所绣红五星，忽然眼睛一亮，忙问："你外婆叫什么名字？"

"向秀琼……"

文淑潸然饮泣，30多年前的往事历历在目：向妈妈在灯下给她补衣，向妈妈请她吃烫面南瓜饺，向妈妈给她讲燕儿飞来又飞去的故事……

知青返城时，向妈妈送给她一大块腊肉，文淑便从肩上取下了这个书包，双手捧到向妈妈怀里……

想到此，文淑抱住那女孩，不禁热泪盈眶。

管　贤

教师管贤，为人正直，常挥毫向有关部门反映当地民风民情，曾得上级表彰，深受百姓喜爱。

一日深夜，亲窥其兄收受他人鼓鼓"红包"，心痛如绞，遂于次日晨作诗一首规劝其兄曰："不义之财不可吞，夜半慎防鬼敲门。迷津忌渡速归正，否则小弟笔无情。"

其兄阅毕，怒不可遏，遂拍案恐其弟曰："受贿自古有，何必扬家丑。若不听兄训，砍断你右手。"

管贤摇头长叹，默然进入书斋。

经年，其兄东窗事发，锒铛入狱。管贤念及兄弟之情，前往探监，见其兄怜然鼻酸，当场铺纸作诗并左手书之。诗曰："早知今日何当年，亡羊补牢恨已晚。劝兄及早退赃款，来世变人做清官。"

其兄捧读后，揩泪惊问曰："弟何时学会左手写字？"

其弟答曰："自兄言断吾右手之时……"

兄低头号啕大哭，愧悔不已。

初见东园

◇王克明

　　我是 1956 年秋季被调到阆中一中工作的。一中后来改名为东风中学，是建在"古治平园"即"东园"的遗址上的。记得，8 月中旬我便提早到学校报到。

　　从南充到阆中虽只有 130 多公里，但由于当时的路面很差，汽车大约要行驶 6 个多小时，下午两点多钟才到阆中。下车后，问好了路，便背着行装，沿阆中至苍溪的土马路步行到学校。当时，阆中像是好久没下大雨，公路尘土飞扬，两边地里的庄稼大部分都已枯萎，玉米叶全部卷了筒，如用火点即可燃烧。道路两旁虽有行道树可以遮挡一部分太阳，但仍有"夏日炎炎似火烧"的感觉。然而，到了"古治平园"牌坊处，就给人另外一个天地的感觉：右边的桉树林绿叶葱葱，校门外两个池塘的荷叶一片碧绿，朵朵洁白的荷花争妍斗丽，水塘四周岸边的垂柳、夹竹桃、皂荚树、竹林、紫荆花、万年青都生机盎然，塘中的小岛上百花盛开。荷花池和小岛好像是两个巨型花篮摆放在校门两边，把学校装饰得十分靓丽。校门两旁各有一个雕刻着花草图案的大石鼓，好像两个把门将军常年镇守学校大门，使学校显得非常庄重。校门上方挂着一块"锦屏书院"大匾，两边木柱上挂着"六七月间无暑气，二三更里有书声"的对联。校门里面竖立着一个屏风，屏风后面有几个人在下棋

　　岁月如歌

..019

纳凉。绕过屏风，穿过石桥，穿过桂花园、伯常图书馆和学校礼堂的过道，一眼可以看到学校后院：四合院内房屋整洁美观，院坝里各种花卉盆景琳琅满目，兰草、茉莉、玫瑰、芍药满院香飘。我简直不相信这就是阆中一所学校，我将在这样优美的环境中工作，太幸运了。

　　桂花园东南角过道出口处有一幢两室两厅的穿斗吊脚楼房，楼下面是水塘，楼上是校长室。我找到校长，他是一个操着山西口音的年轻人，正在伏案办公。我把介绍信递给他，他接过介绍信，让我坐下，并给我沏了一杯茶，自我介绍说："我姓张，名鹏远，今年 24 岁，原在县团委工作，也是刚从机关调到学校的。"他对人和蔼，由于年龄相差无几，与我很谈得来。他说："我们学校老教师多，年轻教师少，急需配备一名年青教师作共青团专职干部，做学生思想政治工作。我看你是最适合人选，今后就做这项工作。为了多接触学生，再当个班的班主任，教两个班的植物课。"接着便叫一位工友帮我把行李拿到他办公室对面那幢穿斗楼房下面的一间屋子里。出于好奇和新鲜感，加上那时年轻，不觉得坐几个小时的车有什么疲倦困乏，我拿到房门钥匙后，连床都没铺好，便关上门独自一人沿着池塘边的石板小道在校园内走了一圈。我数了一下，校内有大小池塘七口，形状因地形而异，有方形的、长方形的，也有圆形的、椭圆形的、月牙形的，还有不规则几何图形的，好似镶嵌在学校怀抱中的一颗颗璀璨的明珠。池塘与池塘之间有吊脚楼、平桥、拱桥或涵洞相连，相互之间都是通的。后山的泉水穿过靠山岩一排教室的地下暗道哗哗地流入池中，正如文同《曲池》一诗赞誉的那样："水似珠玑入，池如玉磐开；临流帷自适，鱼鸟莫相猜。"除鱼塘的水稍微混浊外，其余池塘都清澈见底。池水经过内循环，通过校门外两个荷花池再流到通济渠注入嘉陵江。古老的垂柳、洋槐和其他叫不出名字的花草树木把池塘紧紧环抱。树上的蝉子老远就争着为我歌唱，此起彼伏。可当我走近它观望时，它就紧紧贴在树上一声不响了。塘内有种莲藕的，有种菱角的，还有浮萍、鱼笋，也有什么水草都没有的专供学校养鱼的鱼池。东北角靠山岩教室下面那个池塘最大，池中有一个五星形的小岛，上面有亭子，周围有古树，还有一条多孔的石板桥通向岸边。最引人注目的是树上几只白鹤，全神贯注地盯着鱼塘，准备觅食。池塘周边多是石板铺成的小道，走向随地势而定，有直道，也有曲径，还有爬坡上坎的石梯。靠山岩那排教室下面两个池塘之间是一座大石拱桥，路面是根据拱桥的形状铺好的弧形石板路面。漫步其间，别有情趣，大有田园风光之感。当我走到鱼塘边时，一个工人正在捕鱼，只见他一网撒下，"哗"的一声，几十条鲤鱼就像比赛跳高似的跃出水面，有的蹦得比人还高，有的迷失方向掉到了岸上。此情此景，让人迷醉。工人把网收起，大小鱼足有十多斤，他只逮了一只大鳖，将其余的鱼全部放回池中。

在校内漫步大约半小时后，我穿过我住的那幢宿舍楼通往操场的过道到校外走了走。啊！学校真大、真美呀！山岩脚下、操场边矗立着两幢教学楼，操场又宽又大，除了几个篮球场、排球场是三灰（石灰、炭灰和瓦砾灰）地坪和炭渣铺的跑道外，足球场和操场四周角落全是油绿色的草坪。操场外边的通济渠边有几个妇女正在洗衣，有几个老人正在垂钓，还有几个小孩在深水处戏水游泳。后山是一片原始树林，杂草丛生，斑鸠和野鸡很多，到处都能听到"咕咕咕"的叫声。

晚上我回到自己的寝室，除了能听到青蛙高歌外，学校非常寂静。我在灯光下边看书边回想，阆苑仙境真是名不虚传呀！我这学校是房后有山，山下有房，房中有水，水中有房，房下有水，水上有房，应该是仙境中的仙境，这真是一所完美的园林式的山水学校！我在想，哪所城市的学校有那么大的山？哪所城市学校有那么几股终年流淌不断的山泉？哪所城市学校有那么多那么大的水池？在这里工作和学习，是对大自然的一种享受。这是大自然给我的恩赐，我一定要倍加珍惜。晚上，我睡到半夜感到有些凉意，连忙把薄被拿出来盖在身上，然后就一觉睡到天亮。

时间如流水，转瞬之间，便过去了 55 年。对着眼前学校一幢幢高大的教学楼和师生宿舍，我更怀念昔日的东园。

书院钟声

◇王克明

"当，当当；当，当当；……"黎明，那破空而来的钟声，挟裹着一整晚积聚的中气，敲打出祖宗的训诫，洪亮、悠扬地从远古传来，唤醒了沉睡的校园，也唤醒了古城的早晨。

"当……当……当……"晚上，在那夜空中缓缓穿行的钟声，旧调重弹着你的焦虑，平息着你的浮躁，它让你放松身心，忘却甘苦，忽略时空。那回荡的余音，似来自母亲，似来自苍穹，学子们在钟声中结束了一天的拼搏，慢慢地进入了温暖的梦乡。

"当当当，当当当，当当当……"凡是在阆中东风中学上过学或任过教的人都熟知：这是准确刻画东风中学作息时间的古老钟声。

钟声就是命令，它在学校具有绝对权威。从校长到工人，从老师到学生，每天每个人的作息无不听从它的指挥。钟，必须得有人撞。更何况是这号令全校师生作息和行为的钟，就更是如此。但东风中学的钟可不是随便哪个都能撞的，必须安排专人。

打钟既是一门技术活，又是一项苦差事。说它是技术活，是因为不是任何人都能打或者都能打好钟的。假期中，我曾试打过几次钟，但都没有打好。原因是：这个钟是悬挂在高空中的，不是手拿铁锤就可以直接敲打的，而需人站在地面上拉动拴在钟内铁锤上的绳索，使铁锤有节

岁月如歌

...023

奏地敲打。如果力用小了，铁锤就打不到钟上，钟就不响；如果用力大了，铁锤又可能因惯力而反弹造成连响；如果没及时将绳索松开，让铁锤离开钟，则钟只响一下就哑了。至于要打出有规律的几长几短、节奏明快的钟声就更难了，必须要经过较长时间的练习才能掌握好门道。说它是一种苦差事，就是因为它从早到晚24小时都把人无形地拴住了：每天起床、出操、上课、下课、就寝、灭灯都有各种不同的信号。时间要准时，信号要准确。你应付一天两天容易，要长年累月地坚持下去就很难。过去，有手表的人很少，学校大多数老师和学生都是根据书院的钟声来掌控时间的。为了保证每次打钟的最后一响准时，学校还专门给打钟的人配备了一个闹钟，一部收音机和一个手电筒。打钟的人每天都要收听中央人民广播电台的报时来校正闹钟的时间。所以东风中学的钟，时间相当准，音量相当高，音色也相当好，在阆中城区乃至附近的村庄都能听到。

　　东风中学这口钟，不仅是报时的工具，其最大价值还在于：它是日本侵略中国的铁证。1931年"九一八"事变和1937年"卢沟桥事变"之后，日本侵略军先后以武力占领了我国东北、华北，并企图侵吞全中国。1941年的七八月间，小小的阆中城就曾三次遭轰炸。据年长者回忆：第一次是7月27日午后一点，敌机12架，在南门江岸投弹9枚，炸死平民16人，重伤11人，轻伤24人，毁房51间，木船数只。大黄桷树上都有飞溅的血肉和衣服碎片。第二次是8月16日中午，敌机27架，分为9队，每队3架，呈"品"字形，在沙溪场上空由西北向东南投弹，继而折回又用机枪扫射，共投炸弹110多枚、燃烧弹20多枚，炸死158人，炸伤210人，毁房185间。第三次是8月29日午后两点，敌机27架，投弹100多枚，炸死43人，炸伤73人，毁房202间。锦屏书院的"伯常图书馆"原为两楼一底的三层楼房，日军轰炸后就被震成危险建筑。新中国成立后为了师生们的安全，学校将上面两层拆掉，经加固后改成平房作为教研室使用。

新中国成立初期，阆中中学的一位老师在阆中中学校内的一个炸弹坑里发现一枚日军投下的未爆炸弹。他们把炸弹挖出来后，请专业人员拆卸并将弹壳锯成两半截，做成了两口钟。1955年阆中中学与阆中一中分校时，时任阆中一中总务主任的何朝仪老师就将弹壳下半部分做成的这口钟带到了阆中一中（锦屏书院），就在"伯常图书馆"的房顶上做了一个木架将钟吊在上面。由于地势高，当时周围又无高大建筑遮挡，因而全城都能听到东风中学的钟声。

"哑弹作钟铭国耻，书声催起奋群贤。"为了让全校师生牢记历史，不忘国耻，每年秋季的开学典礼，学校都要以此钟为素材，对师生进行爱国主义教育，以激发师生们的爱国热情，为民族振兴、国家强盛，也为祖国今后不再被人欺侮而勤奋学习、努力工作。

凡以钟声为信号的学校，往往会传递出一种厚厚的文化底蕴，浓浓的学术氛围。钟声所熏染出的是一种严谨、踏实、规范、有序的作风，代代传承，久而久之，便积淀为一种传统、一种风格、一种校园文化和一种"东中"人所共有的精神。这千古书院的钟声，给予每一位莘莘学子无穷的动力，激励他们为自己心中的梦想去拼搏、去奋斗！

如今，无论我耳畔响起什么铃声，心中回荡的却总是书院那古老而沉重的钟声……

岁月如歌

东中那口老井

◇王克明

水是生命之源，没有水就没有生命，也就没有人类世界。工业离不开水，农业离不开水，人们生活更离不开水。凡有人居住的地方必须有水，故城市一般都建在江河边。在没有自来水的年代，城里的居民就直接从江河取水，离江河远的人则从井里取水。

在东风中学校内，距老校门 50 米左右的东南方向就有一口老井，既大且深，口径有 1.2 米，井深约 20 米。因它掘在阆中古河道上，井底全是卵石河沙，水源很旺，取之不尽，用之不竭，不但吊桶打不干，就是用有碗大出水口的潜水泵昼夜不停地抽也不曾抽干过。过去它不仅供东风中学上千名师生和附近居民用水，每逢天旱或枯水的冬季，它还担负着为阆中师范及阆中化工厂的生产、生活用水。20 世纪 60 年代，阆中海军航空兵学校做实验还用马车来学校拉水。

东中老井的水冬暖夏凉。冬天从井里打出的水，有一缕缕由水蒸气形成的青烟在水面上缭绕，用它洗衣、淘菜都会感到手是热乎的。夏天又好似从冰箱里取出的矿泉水，喝起来清爽甘甜，你会感到通身都是凉飕飕的。

20 世纪 70 年代末，井的底部开始垮塌，井壁外的卵石河沙常从石缝中挤压出来坠入井中。为了保护这口井，学校先是用青冈木楔子把井壁石缝填满，防止卵石河沙继续从石缝中滚出。又用钢筋水泥按井壁内径的尺寸浇铸了10多根1米多长的预制水泥管一节重一节地下沉到井内，避免了四周的井石继续垮塌。遗憾的是80年代后，由于污染造成东风中学的井水重金属和大肠杆菌等有害物质严重超标，再也不能饮用。1998年，学校整治校园，将井用水泥盖封堵，井盖上只留一小洞，供潜水泵抽水灌溉花卉、补充现在古书院的两个曲池用水。

俗话说："吃水不忘掘井人。"东风中学这口井，何年由何人组织挖掘，已无从考证。据国立四中健在的老校友说，1940年他们来校时，这口井就存在，而且旁边还立有石碑，刻着"梦僧井"三字。从为了需要才掘井的原因来推断，这口井很可能是在清朝乾隆二十三年（1758年），保宁知府庄学和在古治平园遗址上重建锦屏书院时挖掘的，当时还盖有井楼。因建书院之前这里曾经是"东园"，那只是人们时常游览休闲的地方，常住人口不多，用不着掘那么大的一口井。书院建成之后，规模宏大，为巴蜀之冠，文生、主讲常住书院，才有掘井的必要。当时掘井没有机械设备，完全靠肩挑手提，人们要在井的四周挖很大的坑，需要把泥土一担担、一篓篓地取出来搬走。开始较容易，挖到一定深度，难度就越来越大。

1951年我在南充县中上初中时，学校从大北街民德小学迁到平城街丝三厂对面，就因那里没有井，师生吃水时常要从一公里以外的仪凤街那口水井去挑水。那年冬天，学校在校内打井，我出于好奇，每节下课和晚自习后都要到工地上观看，亲眼目睹过打井的难度。当那井挖到一定深度时，工人一边挖，井壁四周的松土就一边垮。挖到见水时，难度就更大。每当工人取出一桶泥沙时，周围的泥沙像泥石流一样马上向低洼处回填，随时都有塌方的危险。这时就必须抢时间、抢进度，争分夺秒，昼夜加班加点地干。为排除塌方隐患，工人们将事先做好的大木架放在井底，上面用条石按井的形状一层一层地往上砌，井中的工人继续往下挖，井中的泥沙取空了，井架会凭借石头的压力也不断地往下沉。井挖得愈深，水源愈好，蓄水愈多，才能成为永不干枯的好井。

东中的井也许真的老了，它总是在回味着没有自来水的时候，人们在它身边穿梭往来，热闹非凡的往事；回味着人们对它的赞美和称誉。更多的时候，这口老井却更像一位见证东中旧事的老人，井沿上那一道道被井绳勒出来的深深的印痕如同老人额头的皱纹，记满了东风中学从古到今的每一页故事，正在岁月长河的水波里慢慢地荡漾开去。

面对昔日的"调皮蛋"

◇赵旭昌

上世纪 80 年代初，国家刚恢复升学考试制度不久，毛主席的"学生也要学工、学农、学军"的"五七指示"仍在贯彻执行。这可苦了学校的老师们——既要在夜晚忙着"备批"，又要在白天认真"讲辅"，下午还要参加农场生产劳动（抬石头砌梯地、挑粪播种……）。两手都要抓，两手都要硬，忙得像辘轳虫似的。

当时我是学校的年轻教师，预备党员，理所当然地必须"出大力、流大汗"：在教学上被指定主抓毕业班的升学率，在生产上被公推为"生产队长"带头经管"五七农场"。这样一来，我被放到了炉火的焰顶上了。几年下来，不到四十岁的我，在 1983 年 5 月竟然出现了两腿浮肿，一按一个坑，不想吃饭……于是只好到医院去诊治。

区医院的医生"望闻问切"后，毫不犹豫地断定为"急性肾炎"，勒令我赶快住院治疗。

天啦！这一月农场里正是"麦黄秧上节，大蚕正吃叶"的时节，而初中毕业班正处考前"赶熬火"的节骨眼儿，身为年级主任、班主任，又教毕业班语文课的我，怎么可以撒手住进医院里去呢？那几年没有加班费、没有奖金，但要全县排队。一旦考孬了，不但领导的脸色难看语言难听，单就是家长和群众的唾沫星子也会把你淹死！

岁月如歌

我向主治医生再三说明情况，央求他高抬贵手，开一些口服药、针药，让我回学校去边吃药边"将养"。主治医生见实在犟不过我，边开处方边生气地说："那就让你回去玩命去吧！"

我提着一大包中西药，昏昏沉沉地走出区医院的大门，步履蹒跚地向学校走去。

心里马上开始盘算起来：班级里哪几个学生可以抓成中师生（这在当时是最争面子的事，因为考上了中专中师就可以转成国家户口吃"皇粮"，农家子弟就可以脱掉"农"皮），哪一部分学生可以促成重高生（这是考大学的苗子，考上了也是很有名誉的），哪一批学生可以让他们考上普高（这是提高升学率的重头戏）。至于那百分之六七十的"差等生"是不在费思劳神之列的，因为，他们只是计算巩固率的"填充料"而已……

快要走出场口时，突然从旁边的茶馆里"飞"出一个小伙子来，伸开双臂一下子抱住了我，把我吓了一大跳。

"嗨呀……我的赵老师！我正说到学校里去拜访你……不料想竟在这里碰到了你。这真是我们的师生缘分呵……"他显得异常激动。

来者西装革履，一身光鲜，一看就知道从头到脚都是名牌货。我昏昏沉沉地半天没有反应过来。

"赵老师健忘了吧？我是你的学生刘俊安呀！"

"呵……呵……刘俊安……我怎么会忘记你呢？"面对这个四年前常被我"呵斥"的调皮蛋，我显得十分局促。

几年前的一组镜头飞速地从我脑幕上掠过——

那是我刚接到刘俊安所在班的语文课不久，我上完语文课后还未走出教室大门，一个圆脸蛋男生就在教室里"踢高高"，比他脚松大的破布鞋顿时飞到房脊梁上，"啪"的一下落下来差点砸到我的头上——当天下午放学后，这个学生被我留下来带到操场上，让他饿着肚子使劲地

"踢个够"，整得他好几天大胯疼，走路一瘸一拐的。从此我深深记住了这个圆脸平头的家伙——刘俊安。

有一次数学老师在黑板上留言："今天下午全部交作业"，却被人擦掉了"部"字，改成拼音"bù"，有人就读成了"全不交作业"。一查，又是刘俊安！我找来问他为什么擦改，他说"我只是把汉字改成了拼音而已，没有什么错。"本来"部"与"不"同调，弄得我反而不好说什么了——这小子真滑头！

还有一次我讲《木兰辞》，译到"两兔傍地走，安能辨我是雌雄"，我还未讲，刘俊安就在课堂上大声吼："公的母的一眼就看出来了，好认得很！"惹得全班哄堂大笑。

但这小子还真有几分聪明，每次考试的成绩总还算过得去，大概在全班排名十几位。

初三时，学校为了抓升学率按成绩高低分出快慢班。以成绩刘俊安应当分到"快班"，但学校领导和教毕业班的老师一致认为，快班是抓升学率的苗子，不能让刘俊安这颗老鼠屎搅坏一锅汤——把他分到慢班去！

慢班的班主任是个教数学的中年男老师，也姓刘，和刘俊安是本家，按辈分还矮刘俊安一辈。刘俊安到了这个班做作业仍然常常"偷工减料"。有一次被刘老师抓住了，把他叫到讲台前，当众叫他把手伸得长长的，狠狠地打了四个手板儿，并且说："老叔，对不起，这次我们两叔侄斗了硬……"

当天下午大扫除，刘俊安把垃圾的灰装到簸箕里，又把教室门半掩半开，小心翼翼地把簸箕架在门楣上。然后他故意和几个学生在教室里打闹得覆地翻天，故意让刘老师听见——他知道刘老师准会风风火火地冲进教室里来干涉。果然，刘老师一推门刚跨上门槛，还未来得及开腔，一簸箕的灰就从天而降，落了他一头一身……

这次，"慢班"说死说活不要他了。开除，又不够条件。没办法，作为年级主任的我，只好把他安插进我教的"快班"里来。

接近升学考试了，同学们大多在不顾疲劳地啃书本，作最后的冲刺。中考的前一天下午，我竟然发现刘俊安一个人坐在学校花园里的紫荆树下，悠闲地翻看近几天的报纸。我气不打一处来："你在搞啥子！狗嘛这个时候也晓得找点桑果子吃……滚回教室里去！"

第二天上午第一堂就考《语文》，作文题是《给归国难侨的一封信》。书信的写作我让学生练过多次，因此心里很坦然。可谁知教政治的老师竟忽略了那一年中国对越反击战的重大时事，许多学生不知"难侨"是什么：有写"桥烂了应该及时抢修，以免影响交通"的，有写"桥有什么难呢？被水冲？被垮下的山石砸了？"的……唯独刘俊安兴冲冲地跑来对我说："赵老师，幸亏昨天下午看了报纸。"我的内心顿时像五味瓶被打翻了一样。

后来，刘俊安顺利地考上了普高。

"赵老师，走！我们到馆子里去坐，别在这里干站着。"刘俊安热情的邀请，把我从几年前的回忆中猛然拉回到了现实中。

"不，我真的不想吃东西。"我认真地推辞。刘俊安不由分说地把我拽进了这里最讲究的一家餐馆。

我昏昏沉沉地被安排坐下。他麻利地叫了一大桌菜：一大盘干牛肉，两盘炒菜，一个番茄鸡蛋汤，两杯酒。——这乡场上的餐馆在冷场天最好的菜只有这些。

我歉意地说："我得了肾炎，盐一点也不能沾。"

刘俊安十分遗憾。我要了二两饭，边吃边谈。

刘俊安说："赵老师，我从内心深处真诚地感谢你。你不但书教得好，而且在初中阶段你为我费了不少的神，不然我考不上高中……"

我连忙说："那几年我对你太严厉了，有些地方不尽恰当。"

"正因为你的严格教育，我才懂了一些事。上高中后恰恰就缺少了人管教我，导致我中途就不想学，辍学打工去了。"

他告诉我，他高中第三期没读完就跑了，跑山西、过甘肃、进新疆。什么活都干过，什么苦都吃过——挖煤炭、淘山金、种棉花、跑运输、搞修建……现在在新疆搞土特产的收购和销售，还雇了几个工人。

他说，他现在才懂得读书的重要性，才知道遇到好老师严老师是一种福分。所以他这次回老家来，一是相亲，准备带一个有文化的女子去当帮手；二是特地回来看我。

我感慨万分。谈了近两个小时，我身体实在不行只好告辞。刘俊安赓即跑到旁边供销社去买回了一大包礼品，又把桌子上没吃的干牛肉找报纸包起来，叫我带回去给娃儿们吃。他把我送出场口老远，再三嘱咐我要多保重，并说他在去新疆前还要来看我。

回到学校，一边打针吃药，一边抓"尖子生"的考前复习。但始终没有一个"尖子生"来探视过我。就说刘俊安当年初中同班的同学中，就考取了两个中专生四个中师生，使我当年曾大大地"光荣"了一回。其中一个师范生已毕业分配到离我不到五里路的学校里当老师了，但他始终"不知道赵老师得了重病"。据说他对他的学生说："我像你们这个年龄的时候，读书就很聪明，自己知道发奋读书……所以……"

又过了二十天左右的一个上午，刘俊安果然又到学校里来看我了，还带着一位漂亮的姑娘。姑娘一见我就很有礼貌地笑盈盈地叫我："赵老师，病好一些了吗？……感谢你过去对他的关心和教育。我们要走了，今天特地来看望你。"

临走时，刘俊安硬塞给我五百元钱，叫我去买营养品。我忙不迭地推辞，再三不要。须知，我当时每月的工资才八十多元呀，怎能平白无故地收下这份厚礼呢？

"赵老师，你太看不起我了！'一日为师，终身为父'，你现在得了病，我拿几个钱让你营养营养，难道还不应该吗？明跟你说，我现在是正儿八经的万元户，固定资产不算，现金已离两万不远了，这几个钱算不了什么！"

我目瞪口呆。在那个年代，上万元的现钞可是一个天文数字！"万元户"可是一个响当当的光荣称号！

我只好笨嘴笨舌地推辞，笨嘴笨舌地祝福他俩，笨嘴笨舌地送走了他们。

之后，我想了许久……

退休之后，我更加看清了人情冷暖、世态炎凉。虽然也偶尔有一两个"成才"的大学生来看我，但当年的"差等生"，今天是三教九流的来造访我的人数，却是当年"尖子生"的数倍。有所作为的似乎也比"尖子生"多得多。

于是我心底里涌起难释的困惑：

我们的教育是否存在什么问题？

我们教育工作者的教育理念是否需要修正？

野 菊 花

◇陈宏儒

山野，长满了野花。

春天。野菊花，你从土里默默地冒出，顶破冬的封冻，绽点点绿芽，悄悄地生长。颗颗小芽，纤细柔致，落寞孤独。

你在那里，悄悄地，一个劲地向上长，踩着时光的路，掠过春日的风，离地几寸高了，浑身通体长满纤小的叶儿，绿绿青青。

野菊花啊！你春不开花，可这幽绿的韵致，却远远胜过了那赤橙黄绿青蓝紫的春花了。那韵致是蕴蓄在这素净的绿中的呀，无声无息无味。

夏天，多热多毒的太阳啊，可你毫不在乎，跨进火热，昂然然，葱茏茏，颀长茂盛，清秀幽绿，你春时韵致更浓更醇更深了。

野菊花，你就这样"埋头"长着，征服了酷夏，迈进了晚秋，踱入了初冬。此刻，叶落枝秃，草枯花无，山野大地，萧萧瑟瑟，灰灰沉沉。

野菊花啊，此刻，你竟在这霜冻物藏的不景气时日里，傲然开放，漫山遍野。一下子，野山鲜动黄黄浪浪，光光亮亮，似流，似浪，似潮。

北风劲吹，鲜黄活泼，掠过片片江波，闪烁点点星光，喷洒阵阵幽香。

野菊花，春时夏日，你绿幽里蕴着的韵致，至冬时，该在鲜黄里曝光了，可是，你竟在鲜黄里蕴得更深了，不仅神秘，而且幽玄了。

野菊花，我可要品尝你，我可要赞美你，你越神秘，你越幽玄，我便越要捕捉你了。

野菊花，你的看不透、说不出的韵致，哪里会就是幽绿鲜黄呢！至多，那绿那黄乃你那韵致的裸露罢了。

啊，有了，我觅着了。原来，你深蕴着那么一种深沉鲜活的诗味呀！——"真正美丽的/不是鲜花/倒是它的影子/影子烙在心里/总抹不去/影子飞在眼前/总抓不着/天地间/有比这还美的么？"

野菊花啊，难怪你神秘，难怪你幽玄，难怪你看不透，说不出，你的美原来是在这影子中的呀！

野菊花，你的影子，自然不是绿叶的幽幽，黄花的鲜鲜，而是你深蕴着的一种高远精神的绝妙点化呀！

野菊花，也许，就因你的青青绿绿的春里夏里，黄黄香香的秋里冬里，蕴含的韵致，看不透，说不出，结果那神秘幽玄的影子，便没有花能与你作比的了。

野菊花，什么才能与你作比呢？

呀！夜色的朦胧里，野山下边有一所小学，一所中学，相去不远，比肩而立，横贯东西。

办公楼里，透出束束乳白色的光，辉映着野山那棵棵野菊花的绿苗。

灯辉里，山野的野菊花在悄悄生长，楼里的园丁在默默耕耘。

野菊花的影子，此刻，就藏在这棵棵嫩绿的苗儿里。而中国文化的影子，不就蕴于这些默默耕耘的园丁中么？

山野，等到秋末冬初，才会又有满山鲜黄。可野菊花的影子，早就烙在我的心里。

断臂"铁拐杨"

◇杨庆虎

60年前，美帝国主义入侵朝鲜，妄图以此作跳板侵略中国。面对凶恶的敌人，中国人民志愿军雄赳赳气昂昂跨过鸭绿江，赴朝作战。经过艰苦卓绝的斗争，把不可一世的侵略军赶到"三八"线以南，粉碎了美帝不可战胜的神话，写下了继抗日战争胜利之后和近代史上首次打败强敌的辉煌篇章。

3年多的血战中，许多战友倒下了，而我是幸存者之一，只因肢体受损，成了战友们戏称的"铁拐杨"。这称号自然也得来不易，个中滋味乃自知。

1951年仲春二月，在一场乘胜追击战中，我身受重伤被送到战地医院抢救。当我苏醒过来时，医护人员转愁为喜："你左臂受创断裂，进行了断面对位，碎块整合，在给你输液啊……"我一睁眼，果然看到自己的左上肢已被缠紧绷带，敷上石膏，酷像一枚待命发射的白色炮弹。当麻药一过，剧痛使我坐卧难安，当疼痛减轻时，就想马上重返战场。护士见状忙不迭地说："同志，请你配合治疗，安心休养吧，这样才会好得快些……"听见"休养"二字，顿感刺耳。"这里是战场，遑论休养啊！"护士劝阻不住，忙找来主治医生，医生也不过作同样一番说辞而已。我为自己辩说："苏联无脚飞将军，尚能坚持驾机，完成任务，而我……"医生不等我说完即答："那是他脚伤愈后才出院的，才不影响驾机呀，你呢，同志，别着急!"说完转身忙别的去了。

医院（实为大的掩体，防空洞之类）上下一片忙碌，不分昼夜，不时有担架抬来的，车拉来的，也有心脏停止跳动送往陵园的，急需转院的。在这种氛围下，敌机还不时呼啸而至，低空盘旋，投弹扫射。每当医生查看伤病员开药方时，我总是提出要求："让我出院吧!"得到的也总是摇头而已。根据情况分析和医生的态度，我明白了我的要求、想法，一时难以实现。输液一周以后，于是打定主意，频频要了一些有关消炎、镇痛之类药品，来个不准自准，"逃"上前线。

回到单位，领导和战友们先是惊喜："好个死里逃生，咦! 居然这么快能归队啦!""正是不让出院，我才悄悄跑回来的喽"。话音刚落，领导边打手势，带着命令似的口吻说："这是违反纪律的行为，快回医院。"于是我很委屈地敞开心扉，苦苦央求着说："伤后仍坚持战斗，是我军优良传统之一，是战斗意志的体现，自己单位还有医生，工作、养伤两不误，岂不更好"。这时，不少战友转而打起了圆场："既然回来了，就这样吧。"特别是亲密战友张思敬同志（后被授予部队功臣）带头给我收拾好铺位，拿来饼干、开水，拍我屁股，开着玩笑说："让我给你做特殊护理，放心吧!"领导见此情景，沉思片刻，表示默认，随即叫来一位姓庞的卫生员，要他一定对我做好护理工作。其实这以后，忙于工作，哪能顾到自己伤不伤呢? 在那年月，人人既是勇于血战的战士，也是不怕吃苦的"苦行僧"啊! 正是由于在这种殊死搏斗中，导致我原本对位的断裂面大大错位。至此，左臂再也不能伸直，形成曲拐状态，战友们取乐戏称我为"铁拐杨"，意思是指我的左上肢弯拐凸出，不同常人，与"铁拐李"的"拐"上下颠倒，倔强的杨庆虎像仙人"铁拐李"。"铁拐杨"这一爱称，就这样在战场上，在战友中间喊叫开来。

一天下午，我要去前沿，正好遇友军一辆汽车前往，同意我搭车。

途中遇上敌机，司机加大油门，有经验地躲躲闪闪与敌机较劲。当奔向隐蔽处时，一下撞在路旁一棵大松树上，"刷"的一声翻了车，车里的人有的摔死，有的砸伤。我口吐鲜血，我的后脑勺也被破片所伤，立即被送进医院。这一次，我没有再从医院跑回单位，而是迅速被转到东北"三十八陆军医院"。在护送回国的列车上，我高烧不止，护士守候在身边用湿毛巾不断给我降温。入院后，"挂危"，政工干部则立即进行籍贯、家属姓名等项登记。同一病房的王指导员、何连长等家住东北、华北的同志，其家属都纷纷来院里探望。我家远在四川阆中，心知登记用意不过是让亲属在生前能见上一面。为减少国家开支，我再三恳求，不要告知家属。院领导及医护人员对我也是十分关照，看到我身上断臂而且错位，知道我已不是第一次受伤。时间一长，对断臂及错位原委也略有所知，不论男、女同志都向我投来非常敬佩的目光。在"学、比"活动中，他们还把我的事迹介绍给医护人员，以激励他们的工作热情和敬业精神。

针对伤病员比较集中的情况，对医院管理、各方关系、伤病员思想动态等问题，我做了一些力所能及的工作，化解了一些矛盾，受到各方肯定，被一致评为"伤病员代表"，出席地区医院代表大会和地方各级政府的人民代表大会，每有好的建言，都受到采纳重视。当时，东北各级政府机构、大型厂矿，都很缺知识分子，特别是经过战争考验的同志更受欢迎。很多单位表态，如我到地方工作，会为我安排称心如意的工作，对其他一些问题（如婚姻等）也不难及早圆满解决。血肉之躯，并非不食人间烟火的神仙，对这些承诺也并非毫不动情。但是，经过炮火洗礼的人，毕竟更仰慕战斗英雄，特别是读了《钢铁是怎样炼成的》一书以后，被保尔的形象深深吸引。经过思想斗争，我毅然选择了登上重返朝鲜的列车，为了写好自己的历史，为不忘"军大"校训，为有一天有资格说："我没有虚度此生。"

1981年"八一"建军节，蒙老首长王诚汉热情接待，他亲自步出北较场军营门口，把我接到他的办公室里促膝畅谈。"怎么你变得这么消瘦？是营养没跟上，还是因为工作繁忙没休息好？……"一连几个提问，关切之情溢于言表。接着又问我："有什么困难难以启齿么？"随后，王诚汉司令员同我共进午餐，这是我一生中最幸福的时刻。"生我者父母也，爱我者首长也"。

后来，我作为教育战线"普通一兵"，回到家乡当了中学教师，宵衣旰食为祖国培养人才，如今桃李芬芳，甚感欣慰。

回首往事，自然深情地联想到"二野军大"这个誉满全国的革命熔炉。是它铸造了不少铮铮铁骨，不到流尽最后一滴血则仍将死守战斗岗位。我虽然断臂、头伤，也没有什么特殊功劳，聊以自慰的是没辜负军校对我的培养。当我手捧着闪闪发光的"二野军政大学纪念章"、"校章"时心头不禁热血涌动，使我明白一个道理：原来，正是它有无穷的光源之故，方能有我闪光的人生。这些纪念章、校章成了我晚年的宝藏和重要的精神财富。

书迎二〇〇八

◇李　建

　　这是一条坎坷的路，一条布满荆棘无人走过的路，然而我却选择了它，用有限的生命，去捕捉那夕阳的余晖，做一名默默无闻的拓荒人，将血汗洒向那片荒芜的土地。

　　我自幼酷爱书法，师承父教。1987年毕业于无锡书法艺术专科学校，后又得已故书画家赵蕴玉先生、西师教授徐无闻先生、原省文化厅副厅长钱来忠先生指点，并拜在川北书法家刘先湜先生门下，研习书法三十余年，现为阆中市书法家协会会员，南充市书法家协会会员，中国农民书画研究会会员。曾在《法制报》《书法报》等报刊上发表作品，先后获得"华表奖"、全国书法大赛金奖、"全国优秀教师书法大赛"一等奖、"岳阳楼杯"全国书法大赛银奖、"唐诗·宋词·元曲杯"全国书法大赛银奖、"茶城杯"全国书法大赛铜奖等奖项二十余次，并有部分作品被海内外书法爱好者收藏。

　　五年前，身患严重胃病和神经衰弱等多种疾病的我，因无法继续工作，不得不告别讲台，病退在家，一边养病，一边潜心研习书法。在别人看来，我是属于那种清心寡欲、闭门寒窗、挑灯苦读的书呆子。诚然，我的确喜欢静。我喜欢一个人静静地看书，闭着门一个人静静地写字；我更喜欢夜深人静时聆听那滔滔的嘉陵江水声，数着天空中那时隐时现的点点繁星。书法，成了我退休后的唯一追求和爱好。

申报吉尼斯纪录，这是我梦寐以求的愿望。多年来，我一直在苦苦地寻找、思索，一直没有找到合适的素材，我深知，要创一个吉尼斯新的纪录，是多么的不易，多么的艰辛，它将付出超乎常人难以想象的代价。

北京申奥成功的那天晚上，我与全国人民一样，沉浸在无比欢乐之中。申奥成功，象征着我国的强大、繁荣昌盛，让全世界从此对中国更加刮目相看。此时，一个念头忽然掠过我的脑海，我有一支笔，何不以书法的形式，以奥运精神来展示阆中、歌颂阆中呢？阆中，全国历史文化名城，中国优秀旅游城市，人类祖先伏羲的出生地，这个有着五千多年厚重历史文化渊源的古城，孕育着古今一代又一代的文人墨客，一个又一个的才子佳人。我，一个地道的阆中人，怎么能无动于衷呢？经过一年多时间的构思，我终于决定：以"2008"为吉祥数，书写内容以阆中历代诗词为主的书法长卷，然后申报世界吉尼斯纪录。

2004年1月，我正式提笔创作，经过4个春秋的努力，终于2008年春节前夕，写成了一部长达2008米，重约150公斤，23万多字的书法长卷。为了进一步展示阆中，让世人注目阆中，了解阆中，长卷内容以阆中历代诗词为主，辅以唐诗、宋词、元曲和一些优秀的古文、歌、赋，共计2008首（篇）。

23万多字，象征着阆中二千三百年的建制史，花四年时间写成，寓意四年一届奥运会。

整部书法长卷，写秃毛笔六十多支，耗用墨汁三十多斤，宣纸八千多张，买笔墨纸资金投入一万多元。

在创作这部长卷的四年中，如果没有家人的支持，我是不可能顺利完成的，我的家庭并不富裕，一家人就靠我的退休工资维持生计，从我动笔那天起，爱人就去阆中盛华堂超市打工，以廉价劳动换取微薄薪金补贴家用，并承担了全部家务。爱人的支持，给了我莫大的鼓励。

书写长卷的道路是漫长而艰辛的，不论春夏秋冬，严寒酷暑，我每天早上6点起床，晚上11点休息，日复一日，年复一年，握笔的手都长了一层厚厚的茧，常常累得我腰酸腿痛，筋疲力尽，不思茶饭，实在累了，喝两口葡萄酒解困，实在乏了，就泡杯浓茶提神，这对从不沾酒又有严重胃病的我来说，无疑是饮鸩止渴。由于这样，我胃病常犯，常常痛得直不起身。记得有一次，我晕倒在地，也不知到底在地板上睡了多久，醒来时却发现躺在医院的病床上，望着爱人那极度焦急的面容，我的心像被铁锤重重地敲击着。经检查诊断，医生说："没有大问题，只是胃病复发诱发低糖性休克，注意休息，补充营养。"此时，爱人才长长地吁了一口气。

爱人也曾多次劝我注意身体，多多休息，等身体好了以后再写不迟。可我怎么能休息呢？我必须要在奥运会召开之前完成长卷。否则，我多年的血汗必将付诸东流。在书写长卷这四年多时间里，我体重减轻了三十多斤，一度时间骨瘦如柴。

经过四年多时间的不懈努力，我终于完成了这部堪称"中华第一卷"的书法长卷，并成功申报吉尼斯"中国之最"纪录，从而填补了阆中在这个项目上的空白，在书写长卷的过程中，受到了市委、市政府、阆中市文化教育局、阆中市文联、学校以及各界人士的大力支持和帮助。

"有志者，事竟成，破釜沉舟，百二秦关终属楚；苦心人，天不负，卧薪尝胆，三千越甲可吞吴。"我喜欢蒲松龄这副对联，我将它作为一面镜子，时时鞭策鼓舞着自己，而我也就是退休教师中的一个苦心人，多年来如一日，孜孜不倦，不懈努力，用自己的心血和汗水，为2008年谱写了一曲动人的赞歌，为奥运献上一份厚礼，为古城阆中绽放了一朵奇葩。

岁月如歌

每个人都有自己的路，每个人都有自己的歌，当我回忆起这四年多的艰苦创作历程，当我捧着吉尼斯总部颁发给我的《中国之最》证书，当我双手接过市委、市政府和教育主管部门给我颁发的奖金，当亲朋好友频频举杯向我表示祝贺时，我的心却如同止水一般，异常的平静，怎么也激动不起来。眼前老是浮现出爱人那憔悴的面容，父亲佝偻的身影……此时此刻，我感到特别特别的内疚。回想这四年多来，他们为了我，吃尽了苦，受尽了累，我欠他们的，实在太多、太多！

虽然，在不断的书写中我找到了自我，找到了人生价值和真谛。然而，这只能像是吃了一枚青青的橄榄，只有慢慢地回味，去品尝，品尝那苦涩过后不尽的甘甜……

成事也在人

◇罗光远

我幼时家境贫寒，几辈人佃田地耕种。父亲自幼生长在城市，不谙农事，以缝纫为业。种庄稼全靠母亲，我从小就做母亲的助手，学做庄稼活。

我是个独生子。父母决心送我读书，希望我长大后成为有学问的人。从小，父亲就给我讲读书求学的重要，给我讲古代名人成才的故事，并教我认字、写字。六岁我开始发蒙，在学校和家庭的双重教育下，读书识字很有长进。稍后，父亲给我找来一本古代名人传记的小书让我读。就是这本破烂的小书，催生了我向先贤名人学习，通过读书求学，产生了成为有学问有才能的人的念头，而且激发了我广读博览的热情。在小学阶段，我就设法弄一些书来读，以满足我的读书欲望。私塾里读的《三字经》《百家姓》《千家诗》《增广贤文》《幼学琼林》《声律启蒙》，我一一通读，有的甚至熟读成诵。家藏的《唐代短篇小说》和《绣像三国志演义》更成了我百读不厌的课外读物，而且对我以后的影响非常大。到了初中，学校图书室我是常客。《儒林外史》、谢冰心等办的《读者月刊》《饮冰室文集》《中国文学史稿》《中国哲学史大纲》《唐诗三百首》《古文观止》……即使像《天工开物》《文心雕龙》这样的书，读来似懂非懂，我也抱着啃。后来辍学闲居，我也效法诸葛孔明躬耕陇亩，借来全套高中语文课本用毛笔楷书抄写了其中的文言文，如《滕王阁序》《岳阳楼记》《赤壁赋》《与陈伯之书》《此山移文》、史可法《答多尔衮书》等，我反复诵读，喜好之情，经久不衰。1950 年，我又购置了《中国革命与中国共产党》《新民主主义论》等书阅读。

1951 年经人介绍我受聘于县文教科，分配在锦屏乡完全小学任教。当时小学有不少高中、大学学历的教师，自己只读了一年半初中，实感才疏学浅，难以望其项背。于是我决心自学迎头赶上。当时工资是发实物（大米），我便每月将一百斤大米变卖后用于购买书籍自学，经年坚持不渝。经我不懈地努力，有了进步，后来县文教科抽调我去科里工作，赶上了"科学大进军，培养一百万高级知识分子"的潮流，我也做了个十二年规划，决心在十二年内，通过自学，达到大学文科本科毕业的水平。在以后的时间里，不论在农村劳动改造，或是在学校任教，我始终是一手抓教学，一手抓自学；一边劳动，一边挤时间学习，见缝插针，坚信功夫全在点滴勤和功夫不负有心人，终于学有所成，对于高中语文教学，我已游刃有余。

我从初中未毕业的学历程度，几十年来什么经、史、子、集，什么诗、词、歌、赋，什么政治、经济、天文、地理、文学、哲学、军事、医学，凡是有用并能找得到的书我都读，结果成就了我的学业和事业，使我从一个小学教师成长为合格的高中语文教师，创造出了不凡的业绩。于是，我很看重自学遂了我成就学问的经验，把它借鉴到语文教学中去。先是我掏钱买书并组织学生阅读。改革开放以来，农村经济发展了，我就说服家长，动员学生订阅书报杂志，指导学生课外阅读积累词汇（填词汇手册）、写读书笔记、交流读书心得体会。这样既扩大了学生的视野，开拓了学生的思维，丰富了学生的知识，而且逐步使学生从被动式的"要我学"转变为主动式的"我要学"。学生尝到了甜头，阅读热情越来越高。20 世纪 60 年代，我试点的班级，每个学生都读了

《杨司令的少先队》《卓娅和舒拉的故事》《古丽雅的道路》《青春之歌》《铁窗烈火》《红岩》，有的学生还读了《第四高度》《牛虻》等小说。并且成功地进行了无人监考而学生无人作弊的考试。学生思维活动增强，写文章有话说，有事写，有情抒，而且文从字顺，语言流畅，内容切题，达到了预期的效果。

河溪中学1978年高考无一人上大专录取线，排行榜上被文教局以"0"处罚。当年高中新生的录取，人均成绩比水观、洪山两中学少二三十分，比阆中中学、东风中学、老观中学和柏垭中学差距更大。学校从四个班、二百多名新生中，挑选了一个班，名为重点班，点将由我任班主任并教语文。经再三推托无果。真所谓受任于败军之际，奉命于危难之间。新生入学后，通过各科教师查学生初中阶段的双基基础，发现基础缺漏甚大。反复斟酌，决定在进行新课的同时补上初中的基础。"人生能有几回搏"，全体教师决心奋力一搏。星期天不休息，寒暑假不休息，节假日不休息，终于赢得了时间，经过大家七百个日日夜夜的艰苦鏖战，师生通力合作，终于取得了意想不到的好效果：高考预选考试，全班除一人落选外，其余全部上线，何素芬还考得了全县第一的优异成绩；正式高考全班15人上大专录取线，何苍凌、廖明全、赵书远、陈志新、陈茂清、俞贵邦上国家重点大学录取线。特别是廖明全，以177分的升学成绩分进80级1班，化学升学、入学是两次考试都为"0"，开始化学听不懂，在化学课毛锦文老师的精心辅导下，不仅补起了初中化学，还学好了高中化学，高考化学得了85分的优异成绩。毛老师说："有这样的好学生，我就是累死在课堂也心甘情愿。"

高中开始恢复三年制了，但是逐步推进。1984年，学校招收了两个高中班。当时全县各学校差不多都恢复了三年制，但河溪中学仍是两年制，并且各中学都把"高升大"的赌注押在复习班身上。这时，学校领导认为："农村中学，而且是两年制，应届生毕业后不通过复习根本考不上大学。"我认为这话不全对，既不合乎辩证法又不合乎事物发展规律。决心用事实回应这一片面观点。通过我与班主任、各科任课教师反复交谈、沟通，达成了共识，议定了共同步骤和方法。两年施教的结果，高考时，两年制应届生升学率超过了复习班，使河溪中学当年高中升学排行榜与东风中学并列全县第二。

事实雄辩地证明：只要目标明确，方向对头，措施得当，百折不回地干下去，再大的困难也能克服，可以做到别人认为办不到的事情。所以我认定：成事在人。

二十一世纪的希望

◇侯　冰

　　林老师吃过晚饭回到寝室里，摘下老花眼镜，正用毛巾擦着额头上热汗的时候，方老师来到林老师的寝室里，说："林老师，我把这次您班地理考试的情况向您汇报一下。"

　　"好，请坐吧！"林老师顺手递过一个凳子，说。

　　方老师拿出成绩册，说："这次考得不错，只有董林、冉明辉等八个'孬火药'不及格。董林还说他不读书了。"

　　林老师拿过方老师手中的成绩册，戴上老花镜，仔细翻阅后，说："你说的八个'孬火药'考得也可以嘛，不是比前几次有进步吗？一个班几十个学生，在智力上必定有差异，十个指头有长短，这是自然法则。孔子三千弟子，也只有七十二贤人啰！方志伟，我记得前些年你在我班上读初中的时候，成绩也不是多好嘛，当时，没有老师叫你'孬火药'吧？对后进生，我们要多勉励。好，你把成绩册放在我这里，明天我与董林他们谈谈"。

　　第二天，林老师把董林等八个后进生叫到了自己的办公室，拧开录音机说："董林，听说你打算不读书了？"

　　董林说："林老师，方老师上课，只盯住几个成绩好的同学，对我们后进生没有好眼色，所以，我不想读书了。"

董林这么一说，把几个后进生的话都引出来了，都说方老师歧视他们，说他们是笨蛋，是"孬火药"，他们丧失了读书信心。

林老师听了学生的发言，很有感慨，慈母般地给每个学生做了耐心细致的思想工作，重又鼓起了他们继续上学读书的勇气。

一天晚饭后，林老师叫方老师来到自己的寝室里，说："方志伟，我们先听一段录音吧！'孬火药'也是会爆炸的，你信不信？"

林老师拧开录音机，方老师听到："方老师上课，只盯住几个成绩好的同学，对我们后进生没有好眼色……"

听完录音，林老师对方老师说："屋子里很闷热，走，我们去外边散散步。"

林老师和方老师漫步在学校操场边的林荫小道上。夏日，夕阳的余晖把整个校园涂抹得绚丽多姿。

方老师拿出一包"雪竹"牌香烟递给林老师一支。林老师风趣地说："你抽这'孬火药'？"方老师的脸刷地红透到耳根。

他俩来到一个大青石上坐下，傍晚的凉风吹散一个个烟圈。只听林老师说："我们这些人在科学家的眼里，也是一个个笨蛋，是'孬火药'。但是，科学家没有这样看待我们。《教育法》规定：学生有受教育的平等权利。我们做教师的不能歧视学生。人民教育家陶行知说过：'在你的冷眼里有瓦特，在你的讥讽里有牛顿，在你的皮鞭下有爱迪生'。我们的教育对象是二十一世纪的希望，我们必须循循善诱地引导他们，教育他们，让他们天天向上。"

……

学校晚自习钟声敲响了。方老师握住林老师的手说："林老师，感谢您今天给我上了一堂教师职业道德课，我一定牢记您的教诲。"随即，方老师背诵了林老师青年时代写的一首诗：

白驹过隙三十八，庸庸无为贡献差。

后来时日如何度？心血浇灌桃李花。

　　林老师和方老师的手握得很紧很紧。他俩凝视校园，觉得校园的房屋、树木、花草，一切都是美丽的，一切都是可爱的。

岁
月
如
歌

岁月如歌

◇文永沛

高大的黄桷树碧叶连天，松柏舒展着它繁茂的枝叶，桃花纷飞在梦的季节里……这是我诗意的校园。灵动的生命之花在这里绽放，青春的节拍一刻不停地敲响。怕惊扰山村校园的美丽，我迈着脚步在土操场上轻轻地走着，来到宽敞明亮、洁净的教室，凝视着一个个活泼可爱的孩子，望着一双双明亮的小眼睛，看着一张张粉红的脸庞，不禁回想着……思念着……

带着向往，带着欣喜，对着太阳扬起笑脸，和天真活泼可爱的孩子们手挽着手，来到操场上、草坪间、树荫下，有一种缘分，将师生亲密地相融在一起。

带着不安，带着探索，迈上讲台。花落、花开；春去、春来。孩子们在教室窗口凝望抽芽的新叶，听着老师总也讲不完的课，时而昏昏欲睡，时而哄堂大笑。在这幽静育人的校园里，飘荡着孩子们朗朗的读书声，清脆悦耳的稚气的歌声。

带着兴奋，带着凝重，心中有一个梦想：望孩子们为祖国成才、为学校争光、为父母争气。天黑、天明，放学、上学，日子一天天流过，育人的滋味，有饱有饿、有酸有甜、有苦有辣。小小的树苗是撒下的希望，挂着热泪与汗水成长。昔日调皮幼稚的孩子，今天成了祖国的栋梁。

花在笑，雨在唱，一步一个脚印奔跑在 38 个春花秋月的道路上——值得。头发虽花白，夕阳红似火，还要发余热。关心下一代，是一个教师的神圣职责和义务。我先后到过"七一"学校、河溪中学与师生一起过班会生活，关心和关爱"留守"儿童，与他们促膝谈心。一位退休教师，应老有所为、老有所学、老有所乐、老有所作，这才是人生的乐趣。回首往事，感到欣慰的是自己没有虚度年华。

岁月如歌

犀耶？牛耶？

◇莫秉端

　　早听说我市古城西边河畔有清朝人凿的石牛。于是，我将表方位的"西"和"牛"拉在一起，理解成人们常说的"西牛河坝"了，虽然不曾去过。

　　近年，那石牛被迁到闹市区作为景观点缀，我方一睹真容。它是一米多见方的巨型卵石凿成的，伸颈，抬头，作蹲卧状，呈灰褐色，酷似一头健壮的水牛，只是躯干略为短粗，脸形近乎牛羊之间，显得滑稽。近读同仁一篇文章，才发现我闹了莫大的笑话，原意念中"西牛河坝"的"西"乃"犀"之误，是"犀牛"，而不是"西边的牛"。愕然之余，羞愧自己的见识浅陋。

　　生于蜀、长于蜀的我，当然不曾目睹过犀这种动物，故它远没有牛让人亲近。据说，犀有一角或两角的，且都长在上唇，这与牛角的出处大相径庭。我之所以将"石犀"误作"石牛"，或许就因为表现其主要特征的角被毁掉了的缘故。

　　古人凿犀本为"镇水而设"。然而，我怀疑它哪有偌大的本领，也不相信它能称其职。为什么千百年来，沉船飘尸，洪涝成灾，黎民纤夫的血泪竟如它身边的滚滚江涛？岂止如此，传说它于夜深人静时还偷吃百姓的麦苗。难怪乎人们要打断它的异角。

然而，它似乎"心有灵犀一点通"，并不怨天尤人，相反，竟是那么泰然处之，以与牛雷同而感到投机的快活。时间久了，过往的代代行人，"多识于鸟兽虫鱼"的毕竟不多，文化历程短浅如我者当然不知其曾经为"犀"，而把它视作常见的牛，甚至对它大颂赞辞呢。可我一旦觉悟，又有一种莫名的悲哀。世间有"狮城"、"羊城"，却似乎唯独没有"牛城"。为什么不把有功于人类的牛作为雕塑或地名来瞻仰纪念呢？而犀何德何能，竟在这闹市骗取人们的感情。不过，"逢蒙固罪，羿亦有咎焉"。我在识其诡诈的同时，也很责怪迷信者的偶像崇拜，才使得它投其愚昧之机。我真惊讶它被打断了角而依然一本正经的内功，且从它残损的唇边，似乎溜出一支俏皮的歌：

　　　　犀不像犀牛不牛，物换星移几度秋？
　　　　冷眼旁观人间事，模棱两可任自由。

举首问明月

◇王锡元

　　黄昏举着蓝色的巨笔，抹去了天边最后几丝云霞，辽阔的天空变得幽蓝和平静了。罗幺爸从地里回来，给水牛添了草料，便仰坐在堂屋门口的木椅上，悠悠地吸着叶子烟。他半阖着眼睛，脸上浮着恬静的笑意。

　　房后传来几声布谷鸟叫声。独生女儿芹芹打扮得花枝招展，从屋里出来奶声奶气地说："爸爸，我去了哈！"幺爸顿时睁开眼，满脸肃然，问："咹？你说啥子？天已黑了，你又去哪儿？"他立即意识到刚才布谷鸟的叫声有些特别。哼！硬是有些蹊跷，定是春生那小子搞的把戏。"进去！跟你妈做饭去！""嗯……爸爸让我去嘛。"芹芹犟了几句，幺爸便站起来上前扬起手中的长烟杆子："不听话，老子啄你两烟锅脑壳。"芹芹有些胆怯，不敢动，幺爸又咧开胡子拉碴的嘴笑了："乖乖儿，听话，二场爸给你买件花衬衫，啊？"芹芹见爸爸脸上"阴转晴"了，便壮起胆子向院子门口移动脚步，那双水灵灵的大眼扑闪扑闪的，嘴儿甜巴巴地央求道："爸爸，今儿个晚上开团员会，让我去嘛，嗯——"芹芹不待爸爸点头，便一溜烟地跑出了大门。"你给我回来！"幺爸粗暴地吼着，追到院子门外，芹芹的影儿早已没入了竹林。他无可奈何地叹着气，摇着头说："如今的年轻人难教！难教！难教！"

　　他来到厨房将一肚子的气向幺婶发泄："就是你把她惯坏了，十八九岁的姑娘，夜晚到处跑，还成啥体统哟！"正在包抄手的幺婶瞋了他一眼："你又在发啥疯哟？""她又跑了，你没听刚才那布谷鸟又叫了吗？"

"哎，我说呀，老头子，开会嘛就该让她去吧！"幺婶数落开了，"就你成天只埋头生产，生产，脑筋跟不上新形势……"幺爸气呼呼地嚷道："你少给我上政治课，开会，开会，哪有那么多会哟！"他并不止埋怨会多，而担心的是那些大男大女混在一起，会出现电影里那亲亲爱爱的镜头。

晚饭后，幺婶收拾碗筷，洗锅，擦灶，喂猪，幺爸再给牛添了次青草，又察看了鸡鸭圈，柜上的自鸣钟响了十下，还不见芹芹回来。幺爸实在放心不下，对幺婶说："我去接芹儿。"

月亮升起来了，像一张喜笑颜开的脸盘。石板小路上荡着乳色的雾气，像柔薄的轻纱在浮动。路旁绿肥茂重的麦地泛着蓝莹莹的光晕，麦苗叶尖上挂着晶莹的露珠，大片大片的油菜地仿佛一幅幅金色的图案。看着这长势喜人的庄稼，幺爸喜滋滋的：咱庄稼人就图这个。他满足地打了个饱嗝儿，迈着轻快的步子，继续前行。和煦的春风拂着衣袖，湿润的雾岚酝酿着馥郁的馨香，沁人心脾。远近的虫鸣蛙鼓交响成韵，更把他那恬适闲静的心撩拨得痒酥酥的，他油然而生感慨：啊，怪不得年轻人耐不住寂寞，更何况又是仲春的月夜！

村公所设在佛爷崖那座古庙里，庙宇的四周是繁茂参天的松柏。幺爸穿过幽妙迷离的林子，古庙那飞檐翘廊的雄姿便出现在眼前，庙前的坝子里噼里啪啦地燃起几堆篝火。人影绰绰，笑语喧哗。一张张欢乐的脸在火光的辉映下泛着兴奋的红光。那棵万年古松的虬枝上挂着一个乌光亮亮的钱匣子（他想：那是"绿音鸡"吗？），里面放出令人心醉神摇的交响乐曲，时而如春江花月夜的潺潺流水，时而如高山峡谷的瀑布，激流……让人陶醉，使人感奋。"啊，原来他们是来听戏的。"他捻着胡须笑了，步子放开，心想："我何不也走拢去听个够？"

待幺爸走近一看，不禁"啊"了一声，嘴合不拢来，坝子里，男男女女挽着手儿，对着脸儿，摇摇摆摆，是那般亲爱——"造孽！"他赓即紧闭眼睛，脊背上早已渗出了冷汗，周身血液直涌天灵盖。他忙倚在一棵树上，才免于昏倒。攥紧的拳头猛砸在树干上："伤风败俗！伤风败俗！"他朝那坝子喷去一口唾沫"呸！"愤然离去。

幺爸不知是如何跑回家的，一进屋就嚷道："她妈！不得了！不得了！"幺婶忙从床上跳下来惊问："出啥事了？"她最怕芹儿他们会出事。幺爸将刚才目睹的一切绘声绘色地描述了一番，幺婶悬着的心放回到了原处。幺婶解释说："他们团员在开五（舞）会。""嘿，什么五会六会的？那些年批斗会、讲用会、先代会，什么会我没参加，哪有那种扭屁股会？"幺婶一时也说不出子丑寅卯，她不懂什么舞会，只晓得每月农历十五，月儿圆了时，全村男女青年都哼着"年轻的朋友们，今天来相会"拥到前坝子头跳啊、唱啊，欢天喜地闹到深夜才散。"这有什么不好呢？谁没有年轻的时候？"她劝幺爸"别看不惯嘛，让他们欢喜去吧，如今这些年轻人，不比我们年轻那阵子，整天愁吃愁穿，日子过得苦巴巴的。现在，他们还愁啥呢？好日子就得好好过嘛，这就是他们讲的'新生活'哩！"

幺爸素来崇拜幺婶的见解，他虽然想不通，却也想不出反对的理由。他衔着烟杆来到院坝里，踱来踱去，回味这些年来的日子，有滋有味，越过越甜蜜。八二年还清了五百元的贷款，八三年修起了五间砖瓦房，八四年制了全堂新式家具，八五年开始在银行存款，虽然只有四位数，但还可以一年一年增加嘛，去年买了台手扶拖拉机，吃穿更不用说。该满足了嘛，不！总感到还缺什么，像吃一桌丰盛的酒宴，却总觉得还不够味儿，但他又说不上来，似乎还缺什么作料。他走到月光里，心里不觉一亮：或许现实生活里所缺的那些"作料"正是年轻人所追求的那些内容吧。是不是呢？他抬头望着明月，明月洒着清辉吻着他的白发，星儿深情地眨着眼睛……

变化中的故乡

◇马德利

我的故乡在川北阆中的大山里，是一个美丽的山乡，山美水秀，令人陶醉。

不说那重叠起伏的山峦群峰，高大茂密的青松古柏，也不说那漫山遍野散发着清香的奇花异草，单是那崇山峻岭间瀑布流泉就能引起无限遐想。那些瀑布在阳光的照射下银光闪烁，如同条条白练临空而下，注入清澈见底的大石潭里，又从山下乱石间涌出，形成无数条山涧小溪淙淙流淌。小溪、清潭吸引着多少放牛郎啊！我记得小时候，一到夏日，我们几个牧童，总是坐骑牛背，横吹竹笛，在清石洗澡，在溪涧戏水。啊，吹一曲清歌，戏一阵清泉，多么令人心旷神怡，多么令人心驰神往！三年前（1961年），我曾回乡去，重享了童年的欢乐，而这次欢乐却增添了新异的神采。因为，这里兴修水利，条条流泉已顺着家乡人的意愿，在一条绕山而砌的水渠里流向新修的山垮大塘——我那童年的游泳池——清石潭里去了。清石潭的水更清凉，在这里游泳戏水更自如更欢畅！啊，山乡的水更秀了，山更美了！

回乡的那天，正是一个红日高照的艳阳天，天气有点炎热。但在家乡的山路上，林荫蔽日，清风扑面，甚是凉爽。我轻快地走在山路上，归心似箭，不知不觉已来到了与家遥相对望的山坡上了。往日，每当我爬上这个山坡时，总要伫立着，放眼眺望一番美丽可爱的山村。此时，夕阳正躲在大西岭的背后，那余晖从密密层层的青冈白桦林缝中，斜射在一浪一浪的金黄稻穗上，斜射在一坡一坡苞谷高粱林里，斜射在远远的瀑布流泉上，斜射在我那可爱的清石潭以及连着一条弯弯曲曲的小河（新的水渠）上。那水面闪烁着耀眼的粼粼波光，映照着苍山翠树渐渐消失在远方。

"我们的家乡多么美，精工巧手难描绘……"正当我陶醉于家乡这幅鲜艳动人的山村晚景图时，忽然飘来了清脆的歌声。这声音多么熟悉啊，原来是一位眉清目秀活泼开朗的姑娘，是她，高中同学，模范会计，公社（乡）副社长玉兰。"你也回乡？"我兴奋激动地上前去问道。"啊，是你，回家来了。"她挂着背包，手中拿一卷图纸。我问："你是从城里回来吧？"玉兰兴奋地说："这是我从区上带回来的奖状，还有县委送给我们公社（乡）的锦旗。"边说边从挂包里拿出一面鲜红的锦旗。"就是这千里堤，明天县委领导还要下来视察。""啊，家乡人民个个是功臣。""是呀，乡亲们真是了不起。"显然，玉兰是在为咱山区和父老乡亲而骄傲。"怎么，三年多你都不回来看看，怕是穷乡僻壤不如都市里好哇。""哟，这山里的坡坡坎坎一草一木你未必也爱个够了吧。"我心存敬意地逗她。

其实，我俩土生土长在这山区，直到高中毕业。我俩经常一起谈志向谈未来，总是满怀对家乡的痴恋之情，更少不了对家乡更加美好的憧憬。记得高中毕业后的一天晚上，我俩谈心时她自信地说："家乡一定会在我们手中变成一个大花园。"而今，短短的三年多，她的这番抱负已在家乡建设的蓝图上留下了几多光彩。

"好了，肚子也饿了，走，回家吧！"实话说，我们已经走了五十多里路，早饿了。然而，家乡的巨大变化，却叫我像饱餐了一顿丰盛的筵席，早已忘却了疲乏，忘掉了饥饿。

我们走下山坡，转过一个弯，跨过一条小溪，再爬上一道土坎，那千里堤就展现在眼前，堤内微波泛起，一条小木船靠在堤岸边，玉兰轻快地跳上船，我也跟着上船，她利索地把住船桨，小船儿荡起波浪朝前面村庄划去。

　　玉兰边摇桨边说："你看这千里堤壮观吗?"随着话音我望去，两岸的石岸坚实、整齐、稳固，一直蜿蜒到远方；岸上果树竹林青翠茂盛，像一条绿色的宽丝带，连着美丽的晚霞、青山、村舍一齐倒映在水中，真是人间仙境啊。玉兰十分感慨："故乡的人修造了这千里堤，大自然便一改过去的暴戾，转而给我们带来丰收与喜悦……"

岁月如歌

话 重 阳

◇敬文斌

每年的农历九月九日为传统的重阳节。在古代的《易经》一书中把六定为阴数，把九定为阳数。农历九月初九日，日月并阳，两九相重，故而叫重阳，也叫重九。

重阳节早在春秋战国时已被人们重视，但只在帝王宫中进行活动。到了汉代，过重阳节的习俗日渐流行。传说汉高祖刘邦的妃子戚夫人遭吕后的谋害，其身前一位姓贾的侍女被逐出宫，嫁与贫民为妻，贾氏把重阳活动带到了民间，并对人们说在宫中每年九月初九日都要佩茱萸饮菊花酒以求长寿。故此重阳节风俗在民间传开了。

农历九月是一年的黄金时节。"九九重阳天"，秋高气爽又正值丰收季节。橘红橙黄、栗开榴绽、金桂飘香，遍野盛开的黄花，满山丰硕的果实，阳光明媚，是出外游览的最好季节。历代人们在重阳这一天不约而同地外游玩乐，饮菊花酒，以祛除不祥。因而，家外野餐愈成风气。

九九重阳因为与"久久"同音，九在数字中又是最大数，有长久长寿的含义。古代人们认为是值得庆贺的吉利日子，所以又视为老人节。

敬老是中华民族最值得称道的传统风尚之一。孝敬老人的观念曾是传统社会中维系和谐的根基。新中国传统的敬老文化又借重阳节被弘扬开来，成了传统节日的新风尚。

今天的重阳节被赋予了新的含义。1989 年国家把每年农历九月九日定为老人节，成为尊老、爱老、助老的老年人节日。全社会机关团体社区在此时组织老人们秋游赏景、登山健体，让老人们身心沐浴在大自然的怀抱里。晚辈们搀扶着老人到郊外活动，或为老人准备了可口的饮食。

我们国家之所以把九九重阳定为老人节，这不仅为了使老年群体能有自己的节日，而更为重要的是借此契机呼唤全社会增强爱老、敬老意识，也是提醒儿女们赡养父母是天经地义的责任，义不容辞。

岁月如歌

二、学海觅珍

　　给学生一杯水，教师得有一桶水。就算有了一桶水，如果不经常充实，也会有干涸的时候；如果不经常更换，就会成为一桶死水。教师的幸福，在于学生的幸福成长，在于教师专业的幸福发展。只有博览群书，教育境界才会不断升华；只有严谨治学，教育智慧才会不断闪现；只有潜心研究，教育能力才会不断提升；只有耕耘不止，教育的幸福才会无限延长……

书法　胡文炎

岁月如歌

雄画

国画　刘泽友

《龟虽寿》"怡"字的解释

◇王义超

　　曹操《步出夏门行》中的《龟虽寿》最能表现他自强不息、积极进取的精神和老当益壮、急于建树功业的雄心壮志，也是最能代表所谓"建安风骨"的诗歌之一，因而近年来一般古典诗歌的选注本多选了它。

　　在这章的后面有"养怡之福，可得永年"二句，一般注者多解作"保养身心便可延年益寿"的意思。如较近出版的北京大学中国文学史教研室选注的《魏晋南北朝文学史参考资料》的注者注语"'养怡'犹养和，谓修养平和之气，不为利欲伤神。……身心修养得法，也可以长寿"，便是一个有代表性的例子。在近年来出版的选注本对本诗"养怡"的注语，我还没有见过与此不同的意见。这样讲，便好像是曹操的"志在千里"、"壮心不已"的"志"和"壮心"的归宿点，都是在"修养冲淡平和之气"，以期"长寿"了。这于上文诗意很不相应。

　　我们若从前面的"神龟虽寿，犹有竟时。腾蛇乘雾，终为土灰"四句的意思来看，是说虽寿如神龟，灵如腾蛇，均不免于一死。这不仅证明作者已经明白了有生必有死的这一自然法则（作者在《精列》篇中亦说："厥初生，造化之陶物，莫不有终期。莫不有终期，圣贤不能免，何为怀此忧。"亦可证明此点），同时也说明只贪生想长活着也是不可能和没有意义的。因此，才从下文四句中道出"烈士暮年"、"不已"的

"壮心"。这种"壮心"我们既不能以"修养冲淡和平之气"去理解为它的手段，更不能以"长寿"去理解为它的内容，它应当是积极进取、奋发图强的作者想急于抓紧时间建立功业的、悲壮慷慨的建安精神。这种精神是"老骥"、"烈士"和"神龟"、"螣蛇"截然异途的地方，也是"烈士"和一般"小人"不同的地方。曹植在其《杂诗》中所说的"烈士多悲心，小人偷自闲"，即是指这种思想境界的不同。其实，曹植的"悲心"这一概念，亦即其父"壮心"这一概念。而他所鄙弃的"偷自闲"则确有些像只去"修养冲淡平和之气"追求自己的"长寿"的"小人"的心情了。

　　如果我们对上文八句的意思体会得不错的话，那么以下四句的意思便不当是如前举所注，"是说人的寿命长短的期限，不是由天来决定的，身心修养得法，也可以长寿"了。因为靠"身心修养得法"所取得的"长寿"难道还能胜过"神龟"吗？就是能如"神龟"的"长寿"，在"烈士"看来又有什么价值呢？这就正如曹植在其《求自试表》中所痛陈的"徒荣其躯而丰其体，生无益于事，死无损于数，虚荷上位而添重禄，禽息鸟视"的"圈牢之养物"。这是与上文的思想内容全不相应的，这是把上文的积极思想化为消极思想了。当然，我们对待过去时代的文学作品绝不能违背历史唯物主义的观点，绝不能用今天我们的思想、情感去代替古人的思想情感。尤其是作为封建统治阶级的代表的作者，其作品中当然还会存在着许多消极或反动的东西，这是无可置疑的。但在本篇中是否也一定非具有如此前后矛盾的消极东西不可呢？这就得从作品的具体内容去决定。按本篇这个前后不相应的矛盾，都是由一个"怡"字而来。《说文》云："怡，和也。"因而历代注家多以"和"为训，故对此句得出"延年益寿"的结论。本篇原文作"养怡"，自《宋书·乐志》、郭茂倩《乐府诗集》以来多然。故注者如此，也未可厚非。但按乾隆四年（1739 年）校刊本《宋书·乐志·考异》云："又'养怡之福，可得永年'，'怡'《魏武帝集》作'恬'。"又按万承苍在其《宋书·考异》的《校刊后记》中说："敬谨参校，详求厥中，择其合者，录为正本；其或字虽互异，义可兼通，仍从监本旧文，别为《宋书考证》若干条附于各卷之后。"从上列所举可以看出："怡"字，万氏所见《魏武帝集》作"恬"；万氏系按监本旧文作"怡"遂订为"怡"的，并认为是"合者"；万氏也觉得《集》本的"恬"，"字虽互异"而"义"是实可"兼通"的。当然，万承苍是乾隆皇帝的侍读学士，按照这些封建士大夫的观点，"养怡""永年"那当然是最为"合者"的了。不过对"养恬"他也觉得"义可兼通"。但"养恬"的"义"又是怎样"通"的呢？原来《尚书·梓材》篇有"引养引恬"的话，孔安国《传》谓"能长养民，长安民"（引，长也；恬，安也）。故"养恬"于古就是指"养民"、"安民"这种不世的伟业。这不仅合于作者在诗歌中爱用经典的习惯，更切合他奋发积极的宏伟抱负，也更切合上文"壮心"的内容，所以万氏也觉得是可以"兼通"的。这一字之证，我们觉得就可以解决本篇思想内容前后不一的矛盾。

但"永年"是否当作"长寿"讲呢？我们觉得还是应该广义一些。所谓"建安风骨"中表现最重要的一点，在曹氏父子的诗文中表现得尤其突出。如曹植在其《求自试表》中说："志欲自效于明时，立功于圣世，每览史籍，观古忠臣义士，出一朝之命，以殉国家之难，身虽屠裂，而功勋著于景钟，名称垂于竹帛，未尝不拊心而叹息也。"可见他对立功垂名的要求是如何的迫切。而他实在没有机会去"戮力上国，流惠下民，建永世之业，流金石之功"（《与杨德祖书》）的时候，则还要骋其"径寸翰"去"流藻垂华芬"（《薤露歌》）来另谋其"不朽"的出路。曹丕更是早就认识到"年寿有时而尽，荣乐止乎其身。……未若文章之无穷"。他非常羡慕"古之作者，寄身于翰墨，见意于篇籍，不假良史之辞，不托飞驰之势，而声名自传于后"（《典论·论文》）。他在

《与吴质书》中对徐干"著《中论》二十余篇，成一家之言，辞义典雅，足传于后"，便深加赞叹地说："此子为不朽矣！"至于作者，他对建功不朽这点的追求，更是非常突出的。如在其《述志令》中说："后征为都尉，迁典军校尉，意遂更欲为国讨贼立功。欲望封侯作征西将军，然后题墓道，言'汉故征西将军曹侯之墓'，此其志也。"又说："及袁绍据河北，兵势强盛，孤自度势，实不敌之；但计投死为国，以义灭身，足垂于后。"又说："齐桓、晋文所以垂称于今日者，以其兵势广大犹能奉侍周室也。"这种"垂称于世"的思想，真是"一篇之中三致意焉"。他又在其《分给诸将令》中说："昔赵奢、窦婴之为将也，受赐千金，一朝散之，故能济成大功，永世流声。吾读其文，未尝不慕其为人也。"这里他"慕其为人"的目的，实则还是"慕其"能通过"济成大功"以"永世流声"。因而我们认为这里的"永年"实和前面所举的"名称垂于竹帛"、"不朽"、"永世流声"等同属一个概念。当然，他们这种思想在当时是有一定的积极、进步意义的。由于时代、阶级意识的驱使，使作者心中要这样想，同时在行动中也实践了起来，因而在他的诗歌中也唱了出来。以"养恬之福"来"永年"，来改变由"天"决定的人生的"盈缩之期"，这是很切合作者的抱负的。因而我们认为"怡"与"恬"当为形近而误，因"怡"而又作"颐"者（中国科学院《中国文学史》引），亦不足以明诗意，故当依《集》本订正作"恬"为是。

谈《对酒》断句

◇王义超

曹操《对酒》，《乐府诗集》列《相和歌辞·相和曲》中。作者在"戎马不解鞍，铠甲不离傍"的汉末连年军阀战乱的年代里，在"白骨蔽于野，千里无鸡鸣"的人民备受灾难的情况下，写出了表达他理想的太平治世的诗篇。这不仅表现了他积极的政治抱负，也充分反映了当时在苦难中的广大人民的共同愿望。因此，这篇诗是有其积极的社会意义的。

我读了这篇诗以后，感到诗意虽较明确，而断句颇有异同。今就所有写一点浅见。

"对酒歌太平时吏不呼门"句，余冠英《三曹诗选》、黄节《魏武帝诗注》、丁福保《全汉三国晋南北朝诗》（1959年中华书局出版，以下简称丁本）以及其他有标点的集本均断作"对酒歌，太平时，吏不呼门"。

按郭茂倩《乐府诗集·对酒》下引《乐府解题》云："魏乐奏武帝所赋'对酒歌太平'，其旨言王者德泽广被，政理人和万物咸遂。"是《乐府解题》已将首句读作五言。

我认为本篇首二句应读作五言，其理由：

一、首句即说明了作者要歌唱的主要内容是理想的太平盛世，于句意完满；次句"'时'字以下才分陈这种太平盛世的景象，于诗意亦极明顺。"

二、"平"与下面的"门"、"明"等字协韵。

三、《乐府诗集》所载自范云以下八首《对酒》首句皆为五言，若本为三言，为何无一拟作三言？

有人认为首句读作五言，"时"字冠次句首不好讲。其实，"时"即作者理想的"太平时"是极易理解的。只是"时吏不呼门"便成了"一领四"的句式，在五言诗中是为人所避忌的。但我们对于这种长短句间杂的古乐府，似乎不应作如是要求；同时这种句式在后面的"爵公侯伯子男"亦如此，故毋须置疑。

"却走马以粪其土田爵公侯伯子男咸爱其民"句，《三曹诗选》断作"却走马，以粪其土田。爵公侯伯子男，咸爱其民。"

按《老子·俭欲》云："天下有道，却走马以粪。"作者直用此句，故不应把"却走马"与"以粪"间开。若各集本自"粪"、"爵"处断句，则"其土田爵"便不好讲（按"土"字，文学古籍刊行社影印旧抄本《乐府诗集》作"上"，还得注意，若可信，则应自"粪"、"爵"处断句了）。故此处应按黄节注本及丁本断作"却走马以粪其土田。爵公侯伯子男，咸爱其民"为是。

"囹圄空虚冬节不断人耄耋皆得以寿终"句，《三曹诗选》断作"囹圄空虚，冬节不断。人耄耋皆得以寿终"，一部分集本同。黄节注本及西本，"人"字属上句末。

我认为后一读法较好。因为"冬节"为古代论刑之期，"断"即"判决"之意。黄节注云："此言囹圄空虚，即冬节论刑之时，亦无罪人可断也。"故"人"字上属，句意较圆满而又与上面的"刑"、"兄"等字协韵。而"耄耋"系称八九十的老人的专名词，不需冠以"人"字其义即能自明。且据诗意，"人"以上谓刑无所施，"耄耋"句谓老有所终。篇中"平"、"门"起直至"人"均属一韵（只"'争讼'不协。《三曹诗选》注云：'疑当作'讼争'，争字协韵。"所见极是），后二句"终"、"虫"协韵，决无在"轻重随其刑"下三句句意紧紧与上相连而不协韵的道理。故此处应读作："囹圄空虚，冬节不断人。耄耋皆得以寿终。"今将所点原诗录于下：

对酒歌太平：时吏不呼门。王者贤且明。宰相股肱皆忠良，咸礼让，民无所争讼。三年耕有九年储，仓谷满盈。斑白不负戴。雨泽如此，百谷用成。却走马以粪其土田。爵公侯伯子男，咸爱其民。以黜陟幽明，子养有若父与兄。犯礼法，轻重随其刑。路无拾遗之私，囹圄空虚，冬节不断人。耄耋皆得寿终。恩泽广及草木昆虫。

《谋攻》结构新探

◇邓国泰

关于《谋攻》这篇文章的结构，统编教材的课文后面设计了这样一道"思考题"以作提示："这篇课文在明确提出作战原则后，是怎样逐层论述这一原则的？这些论述又是为了阐明什么论点的？"显然，编者的意思是，《谋攻》乃是一篇有论点、有论据、多层次论证性论说文。一些教学参考书，比如有一本"教参"认为，《谋攻》的中心论点是"紧扣中心论点"进行逐层论证的。

然而，究其本篇，并非如此。《谋攻》乃是一篇非论证性的论说文。全篇不是证明"中心论点"的问题，而是围绕一个中心议题即题目"谋攻"，有层次地提出了一些确定性的论断，对提出的这些论断，一般并未展开多层次的充分论证。

首先，研究一下题目《谋攻》。曹操注释为："欲攻敌，必先谋。"这个解释是对的，大意是，研究如何用谋略战胜敌人的问题，孙子提出了一些精辟而著名的科学论断。

现在，着重来研究一下正文。在"谋攻"这个中心议题下，孙子提出了哪些著名论断，又是怎样有层次地提出那些论断的。

第一自然段，开始便提出"凡用兵之法"，皆以"全"为上，得出结论"不战而屈人之兵，善之善者也"应是谋攻的战略原则。继而提出在这个战略原则指导下，相应的作战手段应是"上兵伐谋"，至于"攻城之法为不得已"，它费时、耗力、伤众，是"下政"（下等策略）。接着，说明善用兵者，"必以全争于天下，故兵不顿而利可全"。因而，"不战而屈人之兵，善之善者也"，应是本段内容的"核心"，是"谋攻"的一方面的内容，就是"谋攻"在战略上应取的正确原则，它要受"谋攻"这个论题的制约。段内虽含有因果推理的成分，但还不是主要的，主要的则是通过"全"与"破"、"上"与"次"、"上"与"下"的对照比较，拿出一些判断性的辩论。

第二自然段，孙子认为，"谋攻"不仅要有"全"胜的战略思想，而且还要有灵活机动的战术。此段所谈的针对六种情况而相应采取的六种战术，即"围"、"攻"、"分"、"战"、"逃"、"避"，仍然是以确定性的结论而并列地提出来的。它是"谋攻"的又一个方面的内容，即"谋攻"在具体作战上应采取的正确战术。它虽与上段所提出的战略原则有一定的内在联系，但它却并不论证"不战而屈人之兵，善之善者也"这个论断的正确性。

以上两个自然段，大体来说，是对"彼"而言的，都是围绕题目"谋攻"而展开论述的。

第三自然段，则是就"己"而言，论述己方内部在谋攻问题上要"将能而君不御"。先明确肯定将帅对国家的辅佐作用，"辅周则国必强，辅隙则国必弱"。看来好像是离"题"之言，其实仍然是扣住了中心议题"谋攻"的，因为，这里的"辅周"是指"将周密，谋不泄也"，与谋攻问题紧密相关。同时，也从侧面说明国君在谋攻中要"知人善任"。接着说明"君之所以患于军"的三种情况，从另一方面说明了将帅在谋攻中的作用不应受到削弱和辖制。如果国君"不知三军之事而同三军之政"，"不知三军之权而同三军之任"，就会使将帅在谋攻中处处被动，事事掣肘，"谋"而不成，造成"乱军引胜"。因此，作者旨在说明己方内部将应"辅周"，君应知人善任，否则，会使"谋攻"致败。此段的内容也不证明前面的"不战而屈人之兵，善之善者也"这个论断。

第四自然段，论述在谋攻中了解"彼"、"己"双方的重要，提出了"知彼知己，百战不殆"的著名论断。段首，列举了谋攻中可以预见胜利的五种"知胜之道"。前三种："知可以战与不可以战"，"识众寡之用"，"以虞待不虞。"是属于谋攻的战术内容，与前面的第二自然段内容有关。后两种："上下同欲"，"将能而君不御。"是属于己方内部的问题，与第三自然段的内容相关联。以上五点，都不与第一自然段中的"不战而屈人之兵，善之善者也"发生紧密的联系，更不存在对其进行论证的问题。接着，由五种"知胜之道"导出了"知彼知己，百战不殆"的科学结论。这个结论与议题"谋攻"紧紧相扣，因为谋攻的目的是"百战不殆"；要"百战不殆"，那么谋攻的战略和战术就必须建立在"知彼知己"的基础上。因此，"知"是谋攻的根本。

最后，我们也可以这样认为，"不战而屈人之兵，善之善者也"不是《谋攻》全文的中心论点；《谋攻》全篇也不是所谓"紧扣中心论点"展开多层论证的，而是围绕中心议题"谋攻"，全篇侧重有层次地提出一些确定性的结论。纵览全文，简而言之，先对"彼"提出在战略上要"不战而屈"，战术上要灵活机动；再对"己"提出要"以将的'知'去限制乃至替代君的'不知'"；然后对"彼""己"双方提出要"知"而谋。总之，《谋攻》虽然是一篇从简约的"语录"体向结构完整的"篇"过渡的论说文，但就其结构来说，仍不失为条理畅达，缜密严谨。

教学中，除了抓住以上的结构特点外，还应根据《谋攻》不是一篇论证性的论说文这个特点去分析理解它的结构。如果舍此而照一般论说文的三要素来分析本文的结构，那么将会导致一些牵强的结论。

成语运用浅论

◇邓国泰

　　成语，经过历代千锤百炼而后定型，为大家喜闻乐用，既精辟，又形象，既简练，又意丰，是语言建筑材料中最珍贵的部分。改革开放以来的历届高考语文试题，成语的测试都占了一席之地。中学语文教学也十分重视学生正确运用成语能力的培养。我们说话或写文章，恰当地运用成语，能使语言更加生动、鲜明、准确，收到言简意赅的效果。鲁迅先生说："成语和死古典不同，多是现世相的神髓，随手拈掇，自然使文字分外精神，又即从成语中，另外抽出思绪：既从世相的种子长出，开的也一定是世相的花。"（《"何典"题记》）如何培养学生正确运用成语，既是一个教学课题，也是一个学习、研究课题。

　　本文从成语运用中理当力戒混用、误用现象的角度，从文风的层面，试作探讨。

　　一、力戒望文生义

　　成语的意义往往是约定俗成的，大多数成语不能望文生义。不求甚解，往往弄错。如，"沆瀣一气"，"沆瀣"的字面意思，是指夜间的水汽，而实际上在这个成语中却是指人名。说的是唐朝有个叫崔瀣的人去参加考试，主考官崔沆让他考中了，当时有人说他俩是"座主门生，沆瀣一气"。后来多用来比喻气味相投的人互相勾结在一起。像这样的成语，如果仅一知半解地照字面解释，那怎么行呢？又如，20 世纪 50 年代，有一苏联专家来我国新疆援助重点工程，通过俄语译员，询问一项技术革新内容。中国技术员详为介绍之，苏联专家称善，问技术员："你是怎样想出来的？"技术员答语中有"胸有成竹"的话。译员不懂这个成语，竟直译曰："他的胸腔内有竹竿。"苏联专家大惊，急问怎样放进去的，要求解衣一览（流沙河等著《高级笑话》）。"胸有成竹"最早见于苏轼《文与可画筼筜谷偃竹记》一文："故画竹，先得成竹于胸中。"晁补之诗云："与可画竹时，胸中有成竹。"这个成语也作"成竹在胸"。"成竹"，现成的、完整的竹子形象。比喻处理事情时心里先有了主意。那位译员恰好犯了望文生义的错误，从而闹了笑话。再如，有人造句说："我们收的稿子不少，但大都是不刊之论，能用的不多，退回去算了。"这个"不刊之论"中的"不刊"，不能误解为"不能刊登"，而应理解为"无可删改"。还如"叶公好龙"，如照字面意思去解释，就成了"叶公喜欢龙"。而这个成语的实际意思是什么呢？先从它的出处说起，汉代刘向《新序·杂事》里说，叶公子高很喜爱龙，家里到处都画着龙。天上的龙知道了，就来到他家，龙头从窗户上向里看，龙尾拖在堂屋里。叶公一看吓得面无人色，失魂落魄。后来就用这个寓言故事，比喻表面上爱好某事物，但并非真正爱好它。

二、力戒不求甚解

从语言的运用来说，一般要求是准确、鲜明、生动。仅就"准确"而言，对成语的语义理解、运用，则不能粗枝大叶，必须弄清楚、弄明白。从实践来看，易犯的毛病主要有两类：一是不明一些成语的特定语义，或甚而不懂。如这样一句话："那是一张两人的合影，左边是一位英俊的解放军战士，右边是一位文弱的莘莘学子。"（高考题）这里的"莘莘学子"是误用，为何误用？就是不懂"莘莘"是什么意思。"莘莘"指众多的样子，"一位"怎么能用"莘莘"呢。又如，"今天，来了不少的中学生，他们正值豆蔻年华，风华正茂。"成语"豆蔻年华"出自唐代诗人杜牧《赠别》诗："娉娉袅袅十三余，豆蔻梢头二月初。"是特指十三四岁的少女，说话者不明其含义，误以为指"少男少女"。再如，"随着晚会帷幕的拉开，那美轮美奂的歌舞，品位精良的相声小品，使晚会高潮迭起。""美轮美奂"这个成语中的"轮"作高大讲，"奂"指鲜明的样子。整个成语的意思是形容房屋高大华丽。而作者不明其特指对象而误用。二是不辨易混成语而加以误用。如，"成都五牛俱乐部一二三线球队请的主教练都是清一色的德国人，其雄厚财力令其他球队望其项背。"（高考题）这里的"望其项背"的意思是能够望得见别人的颈项和背脊，表示赶得上或比得上。而那句话的意思是正好相反，作者可能把"望其项背"与另一个成语"望尘莫及"相混了。又如，"今年年初，上海鲜牛奶市场燃起竞相降价的烽火，销售价格甚至低于成本，这对消费者来说倒正好可以火中取栗。"成语"火中取栗"典出法国拉封丹的寓言，意思是一只猴子和一只猫看见炉火中烤着的栗子，猴子叫猫去偷，猫用爪子从火中取出几个栗子。比喻冒险给别人出力，自己上当而一无所得。而这句话的意思是消费者利用厂家竞相降价的机会得到实惠，显然与成语"火中取栗"的意思风马牛不相及。作者可能不明白"火中取栗"的意义，而与"渔翁得利"或"坐收渔利"混了。

三、力戒褒贬不分

成语具有一定的色彩，包括感情色彩、态度色彩、语体色彩、形象色彩，使成语有其一定的附加意义，它的附加意义是成语语义中非反映其本质特点的部分，但对于理解、运用成语，也是重要的根据。这里着重就成语运用中的感情色彩，即褒贬的误用举例加以说明。如，有一位学生在作文《我的同桌》中写道："我的同桌不仅各门功课的学习成绩在班里是数一数二的，而且还乐意帮助别人；他在学习上对我的帮助可以说是罄竹难书。"成语"罄竹难书"源出祖君彦《为李密檄洛州文》：

"罄南山之竹，书罪无穷；决东海之波，流恶难尽。"意思是用尽终南山一山的竹子（古代写字用的是竹简）也写不完他的罪行，是个感情色彩很鲜明的成语，贬义，用在"同学"身上显然错误。又如，"为了救活这家濒临倒闭的工厂，新上任的厂领导积极开展市场调查，狠抓产品质量和开发，真可谓处心积虑。"成语"处心积虑"，它的意思是千方百计地盘算，多用于贬义。从上句话里显然可以看出是对"新上任的厂领导"有所褒奖，用"处心积虑"这个成语也显然不当。如果改成用褒义成语"殚精竭虑"就与句意相符了。再如，"领导干部如果有了这样那样的爱好，在下基层蹲点、搞调查、检查工作时，就要适当隐藏起来，不要'示爱'。否则每到一处，就会酒气冲天，歌舞升平，甚至收藏到自己想要的如古玩字画等一些贵重物品。"成语"歌舞升平"是用来形容一种盛世的太平景象，这种景象并非有什么不好；而"否则"句是说"示爱"的恶果，因此含有褒义的成语"歌舞升平"在句中显得感情色彩不协调，当然语意也不清晰连贯。

四、力戒华而不实

成语的运用还需从实际出发，实事求是，根据语境和修辞的需要，当用则用，不当用就不用。滥用、堆砌、浮夸，只能造成华而不实的文风。首先说滥用。一些人对成语的语义了解模糊不清，不该用时，或可用可不用时，却胡乱地加以运用，画蛇添足。例如，有人对知心的老朋友来家造访，致词说："欢迎欢迎，你来我家，真是让寒舍蓬荜增辉。"笔者认为，如果是熟识的老朋友，此处的"蓬荜增辉"，反倒显得酸不溜丢的，且有虚情假意之嫌，还不如不说的好。其次说堆砌。本来，语言作为人际交流和传递信息的工具，在运用中应力求简洁明快，一语中的，突出特点，或标新立异，引人入胜。一篇之中，谈吐之间，如果管它合适不合适，过度地使用成语，反倒令人生厌。堆砌成语，造成空洞、累赘。当然，为了篇章修辞和语体风格的需要，成语连用，造成特殊的修辞效果，则是特例。这里举这样一个特殊的成语连用而不显累赘的例子。刘某被免职后，才想起关心儿子的学业。儿子这天的作业是写一篇题为《我的爸爸》的作文。刘指导儿子，文中最好使用十个以上的成语。儿子凝神静思，欣然提笔写就：过去，我的爸爸在家任劳任怨，上班埋头苦干，工作一丝不苟，成绩有目共睹，有口皆碑。自从当了科长，爸爸立刻改头换面，穿着焕然一新，对我的学习漠不关心；对漂亮女人彬彬有礼，对妈妈的劝说阳奉阴违；进了舞厅风度翩翩，打起麻将废寝忘食；日常工作欺上瞒下，破绽百出；回到家里无精打采，唉声叹气。这篇短文，作者一口气串用了十六个成语，表达效果怎样？真是别具一格，幽默得很，从而增强了讽刺意味。这种特例，偶尔用用尚可，倒也让人耳目一新；如经常随便使用，则成了吊书袋子。

再次，说浮夸。比如，有一则宣传医疗的广告，这样写道："神奇的换肤术，七天使你有完美无瑕的容颜"，"完美无瑕"显然是浮夸，虚夸了。事实证明这是骗术，其效果与广告撰写人的愿望适得其反。

五、力戒错别字

汉字是表意文字，要规范地运用成语，还必须注意成语的写法，必须把成语中各个字写正确，以避免引起误会或闹笑话。为此，笔者搜集了若干容易写错的成语，现择例罗列于后：

故步自封（"故"误写作"固"）　　滥竽充数（"竽"误写作"芋"）

草菅人命（"菅"误写作"管"）　　黯然神伤（"黯"误写作"暗"）

飞扬跋扈（"跋"误写作"拔"）　　刚愎自用（"愎"误写作"复"）

蓬荜生辉（"荜"误写作"壁"）　　痛下针砭（"砭"误写作"贬"）

不修边幅（"幅"误写作"福"）　　计日程功（"程"误写作"成"）

相形见绌（"绌"误写作"拙"）　　大巧若拙（"拙"误写作"绌"）

刺刺不休（"刺"误写作"剌"）　　肆无忌惮（"惮"误写作"殚"）

屡次三番（"番"误写作"翻"）　　繁文缛节（"繁"误写作"烦"）

结跏趺坐（"趺"误写作"跌"）　　重蹈覆辙（"覆"误写作"复"）

随声附和（"和"误写作"合"）　　侯门似海（"侯"误写作"候"）

汗流浃背（"浃"误写作"夹"）　　直截了当（"截"误写作"接"）

不胫而走（"胫"误写作"径"）　　既往不咎（"咎"误写作"究"）

百废俱兴（"俱"误写作"具"）　　脍炙人口（"脍"误写作"烩"）

陈词滥调（"滥"误写作"烂"）　　草木葱茏（"茏"误写作"笼"）

戮力同心（"戮"误写作"戳"）　　未雨绸缪（"缪"误写作"谬"）

蓬头垢面（"蓬"误写作"篷"）　　一抔黄土（"抔"误写作"杯"）

前仆后继（"仆"误写作"朴"）　　修葺一新（"葺"误写作"茸"）

怙恶不悛（"悛"误写作"俊"）　　姗姗来迟（"姗"误写作"蹒"）

舐犊情深（"舐"误写作"舔"）　　抵掌而谈（"抵"误写作"抵"）

从中斡旋（"斡"误写作"幹"）　　好高骛远（"骛"误写作"鹜"）

趋之若鹜（"鹜"误写作"骛"）　　嬉笑怒骂（"嬉"误写作"嘻"）

徇私舞弊（"徇"误写作"循"）　　湮没无闻（"湮"误写作"淹"）

神采奕奕（"奕"误写作"弈"）　　良莠不齐（"莠"误写作"秀"）

饮鸩止渴（"鸩"误写作"鸠"）　　旁征博引（"征"误写作"证"）

老态龙钟（"钟"误写作"肿"）　　虚左以待（"左"误写作"座"）

……

　　综上五方面所述，笔者比较系统地调查和研究了当前成语运用中存在的种种弊端。这些弊端虽然不是成语运用的主流，但也不可忽视。美国加州大学华裔教授曾志朗先生曾撰文发出警告："一个不尊重自己语言的文化必然走向死亡。"成语运用中的混乱现象应该引起我们的关注，我们每个人都有责任来纠正这些不良现象，为成语的健康使用而努力，特别是我们教师。

家国愁　山河泪

——李清照《声声慢》赏析

◇吴西城

宋代是我国词的黄金时代，在那灿若群星的极负盛名的词家中，李清照似一颗夺目的明珠，在词苑中闪耀着光华。她才气纵横，独树一帜，其词清丽婉约，隽秀而蕴藉，尤多采用赋体，工于白描手法，以工丽的语言述志言怀。

南渡后，词人由于长期的流亡生活，目睹当时广大人民离乡背井，骨肉分离的深重苦难，尤其是经历了亡国、丧家、夫死的种种变故，使词人不断增长了内心的痛苦和哀愁。这一时期，词人的作品在内容和情调上较之往昔虽不免流于感伤，而多表现离怀别苦的悲戚之情，但其在抒写情致、托物言情、表现内心世界方面，极是情真意切，感人肺腑；特别是在刻画情态、状写抽象情怀，意、境的深化，语言的提炼以及技巧的娴熟等方面，均有很高的艺术成就。在她后期流传不多的词篇中，《声声慢》一首，历来为批评家和广大读者备极赞赏，实乃前无古人之绝唱。

这首词开头就不同凡响，起句精工，技巧独特，既是词人所独创，亦乃我国文坛所仅见：

"寻寻觅觅，冷冷清清，凄凄惨惨戚戚"，为"寻觅"、"冷清"、"凄切"三词重叠变化而来。词人一开始就将胸中哀愁提炼出来，入于十四叠字中，造成一种愁思无限的境界。十四字写出三种心境："寻寻觅觅"乃无聊之状，言心神无主，如有所失；"冷冷清清"写孤寂之境，室空无人，庭院冷落，形影相吊，寂寞难堪；"凄凄惨惨戚戚"，状悲戚之情，极言心中愁苦特甚，六字储满凄楚，哀痛和忧伤。词人虽未直接言愁，却妙在将心中缕缕愁思以十四字概括出来，使人闻声欲涕，感言而伤情。音韵上词人用字极讲究，使之在声调上产生了奇特效果，由舒而张，从缓到急，十四字宛如联珠般一一掷来，触物有感，落地有声，敲人灵魄，动人心弦，从而产生了极其感人的艺术效果。

以上总写心境之愁苦、悲伤，为全篇暗蓄一个"愁"字。

接着，词人将这种愁苦心情通过具体的情景使之形象化，而以三种不同之感触，更深入地状写出来：

"乍暖还寒时候，最难将息。"

这里，词人首先从环境的感受写起。深秋天气，寒温不定，气候的变化无常，直接影响到人的感受和心境。"最难将息"四字极含蓄、沉郁而伤感。人既多愁善感，又因轻寒料峭，自然容易惹人生恙。词人那颗破碎的心，连轻微的刺激也经受不起了，感伤的情思已是不牵自出。在此，词人以自然气候比拟政治气候，形象地写出了当时丧乱未已，政局不稳的情势。在词人看来，虽已脱离险境、进入南方偏安之地，但仍是风云变幻莫测，一系列的打击和变故犹在眼前，令人心有余悸，惊魂未定；再加上前途不可预测，怎不令人忧虑？

"三杯两盏淡酒，怎敌他，晚来风急。"

接着三句写酒入愁肠后的感触，表达了词人内心的隐痛。词人虽非风烛残年，但遭逢种种不幸：离乱的痛苦、战争岁月的折磨、政治上的打击摧残，使她已深感"雪侮霜欺"之苦，更兼"晚风"煎逼，何能自持？何况薄酒不能解愁，晚风偏教添恨，更是难当。"晚来风急"仍将政治气候寓于自然气候之中：晚来风势愈来愈烈，使人难禁，金人疯狂南侵，令人惊悸。

以下三句再从远处着眼，触景生情，写相思之苦：

"雁过也，最伤心，却是旧时相识。"

雁来未必相识，却言"旧时相识"，分别是念远怀人之意。词人流徙异地，远离乡土，故国之思，家园之恋，往昔之情，时时萦绕心际，她睹物思情，望风情想，能不依依？可正在这离怀别苦缠绵难排之际，谁知海角天涯"雁来音信无凭"。沉思前事，已如轻烟薄雾般逝去了，何等令人失望！"伤心"二字，语出平实而凝重，尤觉哀婉动人。词人触景生情，抒发了自己，也是广大流离失所的人民思归故国、怀念家乡悲愤感情，表达了复国无望的苦闷。

以上三层感触，已将词人胸中难以排遣的忧愁表现得淋漓尽致，愁云惨雾，已笼罩了我们的周围。

下片，词人进一步以神奇之笔，托出三重境界，真是"后幅一片神行，愈唱愈妙"。使词的感情更加深化，重在以境界抒情。仍分三层来写。

先写目所见之色：

"满地黄花堆积。憔悴损，如今有谁堪摘。"

此三句用因景移情手法，写内心的无限悲哀。先言黄花遍地，触景伤怀，不能自已；次叙花枯憔悴，今非昔比，十足堪冷。"如今"二字是关络，点明眼前处境。花瘦无人爱怜，花枯更有谁堪摘？伤心沉痛，不言而喻。词人昔日曾以黄花自比，而今花枯憔悴，多么伤情！深刻地表现了物是人非之痛。"有谁堪摘"即词人懒摘黄花，亦喻人事之变迁。旧时良辰美景，而今已无迹可寻，往事不堪回首。战乱和流离已将词人生活的乐趣完全剥夺了，唯见眼前黄花依旧，而人事已非，人非木石，对此将何以堪？在这里，词人状写黄花，既属情中所见之景，亦意想中化景入情之笔。

次写身所处之境：

"守着窗儿，独自怎生得黑。"

清陈廷焯云："独自怎生得黑"的"黑"字，不许第二人押。真是"用浅俗之语，发清新之思，词意并工"。在这里，词人让我们看到一个令人无限酸楚的特写镜头：窗前独坐，无语厮守，境既凄清，情亦惆怅，其情其景，已令人黯然魂销；再承之以"独自"，进一步刻画出孤苦伶仃、形影相吊的孤独凄凉的悲惨形象，更觉目不忍睹。"怎生得黑"，感情上与常人十分不同。词人因有难言愁苦，无限悲哀，新愁旧恨，有增无已，故不觉光阴易逝，韶华当惜，只觉纵有大好时光，心头之愁也难消感。时光不觉其短，偏恨其长，则其悲更深。词人既写出了自己亡国、丧家、夫死之苦，也表现了当时广大人民群众流离失所、无家可归的共同苦难。

再写耳所闻之声：

"梧桐更兼细雨，到黄昏，点点滴滴。"

"梧桐"、"细雨"，本是常见物事，但经词人一番点化，却具有极其深刻的内容和无比动人的情味。晚唐诗人温庭筠有句云："梧桐树三更雨，不道离情正苦。一叶叶，一声声，空阶滴到明。"与此句似有异曲同工之妙。而在手法上，此句则更凝练而执着，境界更加鲜明、清晰。表面看，词人仿佛只闻雨声，丝毫未着一感慨语，实则无限愁思，万种伤情皆由夜雨梧桐道出，乃从侧面写愁最神奇之笔。词人耳中所闻，实心中所感。日近黄昏，本已添愁，更兼细雨蒙蒙，当是愁情满怀，何况雨打梧桐，点点滴滴，似滴入心头，自是别有一番滋味！此句极尽以声传情之妙，使所表现的境界达到了绘声绘形的地步。梧桐夜雨本就是特定环境中的情景，唯词人听得真，感得切。其声愈明，则其境愈清，点点滴滴之声闻之愈真，则其愁苦显之愈甚。那一叶叶，一声声，恰似敲打着词人的心扉，撞击着词人的灵窍，愁思则随声不断而增强，悲苦又因景特异而益甚，至有不忍听之苦。全篇至此言愁已进入高潮。词人以娴熟的技巧，为我们创造出了一种动人心魄的极高的艺术境界，读之使人产生强烈的共鸣，只觉耳边雨声如泣如诉，如怨如怒，真是声声血泪，字字呜咽。这夜雨，既是难堪的苦雨，也是伤心的泪雨；是诉不完的离人愁，滴不尽的山河泪！

"这次第，怎一个愁字了得。"

结句以一"愁"字总束全篇六层悲伤情态，点明全篇旨意。此句与词人《武陵春》"只恐双溪舴艋舟，载不动，许多愁"一句情同而景异。一"愁"字从平常中拈出，却有千钧重量，极见词人炼字功力。"怎一个愁字了得"更是千回百转，哀婉欲绝，愁不尽，恨无休，收到了言已尽而意无穷的效果。

全词情真意切，托意深远，境界幽邃。词人以沉郁哀伤的笔触、高超的艺术技巧，为我们描绘了一个凄苦悲戚、穷愁索寞的孀妇形象。全篇以一"愁"字统贯，凝聚着词人对国家的怀恋、亲人的相思，以及个人身世的飘零、客居的寂寞、忆昔的情怀、晚景的凄凉。而词人把这种感情用鲜明生动的艺术形象和境界表现出来，使抽象的情怀，甚至不可名状的幽情具体化、形象化，就产生了巨大的魅力，成为千百年来人们称羡不已的不朽名篇。但人们历来偏重其艺术成就，而忽略了她的思想性。这首词其思想内容基本上是积极的。南宋张瑞义说她"南渡以来，常怀京洛旧事"。可见这首词绝非个人悲苦的抒发，也不是所谓"贵妇人的哀鸣"；而是词人内心深藏的国破家亡之痛，人民流离失所之悲，复国无望之忧的高度艺术概括，蕴藏着极为深沉的爱国思想和与广大人民感同身受的怀恋旧家故国的情怀，倾诉的是家国愁，挥洒的是山河泪。

这首词具有率真、浓烈的感情，哀婉凄楚的情调，和谐工丽的语言，有着极高的艺术成就。

善用白描，言近旨远，浅而不俗，平实中见奇峻。上片着力写深秋（气候）、晓风、雁影三层情景；下片写黄花、独处、夜雨三重境界。景物虽各自不同，但均取之于日常生活，用语自然、朴素，明白如话，毫无雕琢痕迹。"将息"、"伤心"、"怎生得黑"、"怎一个愁字了得"，直如口语，浅显而不庸俗，工丽而不艰深。看来一些平常景物，经过作者一番锤炼和点染，就显得情态宛然，形象生动，具有巨大的感染力。

寓情于景，情景交融，委婉含蓄。全篇抒写一个愁字，除结处点题外，通篇只叙景而不言愁，却表现了最为深刻的愁苦哀思，真可谓"感物而发，触类条畅"。词人运用了古典诗歌中传统的比、兴手法，通过景物，创造出了鲜明生动的艺术境界和形象。在词人笔下，即使是一缕轻寒、一阵晓风、几丝细雨，或一行雁影，都能随手拈来，化景入情。同时，作者还善于通过色彩斑斓的画面进行衬托，暗示出人物心灵深处的幽情，寓情于景，为抒发无限凄切忧伤的感情服务。那种融和中带着轻冷的深秋天气给人的感受，就能引起读者强烈的共鸣，同样，晚风凛冽之难禁，雁过怀人之离情，也都能给人极深刻的形象感受，因而不用大放悲声，只消浅斟低唱，就能感人肺腑。这种情中景、景中情，寓意深刻，委婉含蓄，曲折深沉，耐人寻味。

意境深邃，含蕴丰富，幽怨缠绵，韵味深长。词人善于把真挚的感情和客观景物熔铸在一起，创造出深邃的意境，使词人幽怨缠绵的深愁，表现得淋漓尽致。"满地黄花"、夜雨梧桐等境界，都鲜明生动地呈现出来，如在眼前，似在耳边，久久不能消逝。通过这种浓烈的意境，幽深的情致，唤起人们丰富的联想，仿佛置身于作者所描绘的境界之中，分担着无穷的哀愁，体味着人生的悲苦。

音律优美和谐，字字珠玑。词人深通音律，用字浅显精当，特别擅长以音律声调的错综变化来表达自己委婉曲折而复杂的内心感情，读来具有强烈的节奏感，又极富有音乐性、声调美。

生就傲霜枝　幽香不可传

——苏轼《念奴娇·赤壁怀古》主旨探疑

◇张光富

　　苏轼《念奴娇·赤壁怀古》，词坛的千古绝唱，是我国词坛的一座高耸入云的丰碑，是震惊词坛、雄视百代的佳作，以极大的艺术魅力吸引着古往今来的广大读者。关于作品的意蕴主旨，著名俄国作家列夫·托尔斯泰称之为"在人的灵魂燃烧"的火光。一篇文学作品的意蕴，往往是一个丰厚、复杂、多层的立体世界，但在这立体的构筑中，总要突出一个贯通整体的意蕴主旨，它是统治作品机体、拢括全局的精神主宰。《赤壁怀古》的主旨意蕴，评论繁丰。或曰：表现了作者的功业理想，也流露其政治失意后的消极情绪。这是近年来学术界颇有代表性的主旨说。本文想就此谈谈看法，以就教于海内外专家学者。

　　这一主旨说貌似全面、公允、辩证，它将其词的前后两部分的表层意蕴相加，作为其词的主旨。它是前部分的"功业理想"和后部分的"人生如梦"意蕴糅合而成。但是，系统论十分强调部分之和不等于整体。持这种主旨说的人又这样批评《赤壁怀古》，郑孟彤质疑云："必须指出这词的上片写得气势雄伟奔放，跌宕有致，确实给读者以境界开阔之感。然而，全词落脚处却是作者'早生华发'和'人生如梦'之感，这就使词的境界像从千仞高峰堕入了万丈深渊之中。结尾几句对整首词

...087

的高昂豪放风格，起了一定的破坏作用；在思想上给读者以消极的影响。"（《苏东坡诗词文译释》）郑文没有质疑学者们的主旨说，却质疑苏轼引以为自豪的代表作《赤壁怀古》。这究竟孰是孰非呢？又应怎样把握《赤壁怀古》的意蕴主旨呢？

《赤壁怀古》表现了词人渴望建功立业的思想吗？

"功业理想"说的主要基础是其词集中六句浓墨重彩地描绘"周郎形象"——"遥想公瑾当年，小乔初嫁了，雄姿英发。羽扇纶巾，谈笑间樯橹灰飞烟灭。"这是历史上周瑜赤壁之战一役的艺术浮雕。它塑造了一个从容闲雅、功业赫赫的青年儒将形象。难道这个形象不是抒写诗人对功业理想的热烈向往么？虽然学术界对《赤壁怀古》的主旨评价众说纷纭，但是对"周郎形象"所表达的意蕴——功业理想，却是没有异义的。如果将这六句从全词中割裂出来，仅停留在它的表象上，谁又能有异议呢？但是，鲁迅说：倘若论人，要顾及全人；论文要顾及全文。上述割裂的分析是违背这一原则的。要准确把握"周郎"形象的内在意蕴，只有从词的整体上去观察剖析而得出的评价，才可能符合作品的实际。马克思说："如果事物的表现形式和事物的本质合二为一，一切科学都成为多余的了。"（《马克思恩格斯全集》第 25 卷，第 923 页）如果文学作品的思想只停留在文字表面上，那么一切文学欣赏、文学批评就都成为多余的了。而诗歌总是把主观的、内在的、无形的思想感情，藏在客观的、外在的、有形的事物之中，我们只有揭开诗人精心描绘的事物表象，才能找到潜身于其中的喜怒哀乐等丰富的思想感情。

作品由"千古风流人物"到"一时多少豪杰"，再到"三国周郎"，词人的由"一般"到"个别"的逻辑思路是明确的。这样就有点有面，点面结合形象地表达了作者的深层历史思考，寄托了一个完整的思想。"周瑜"只不过是"千古风流人物"中的一个典型形象罢了。既然如此，只要我们弄清"千古风流人物"的意蕴，"周郎"形象的含义也就迎刃而解了。词人面对长江，触景生想，以"大江"寓"历史长河"，并在首句融注了深沉的历史感和人生感——千百年来，层出不穷的英雄人物哪里去了？被无情的历史长河的浪涛卷走了。这句时空交错，构成深厚广阔的背景，在这空间、时间、人物巧妙结合的艺术形象中，在人世沧桑和自然永恒形成鲜明对比中，揭示了人生有限和自然永恒的矛盾。词人把有限的人生放到无限的历史长河中去观照，去进行哲学思辨，则无论成就丰功伟业的风流人物，还是碌碌无为的凡夫俗子，他们的命运终当一样。这是词人以庄子"万物齐一"的哲学观，抒写了词人"人生似幻化，终当归空无"的人生感叹。苏轼因"乌台诗案"无罪遭贬，人生苦难痛苦的迷惘，极为深沉凝重，这显然是词人欲以这一思想去淡化、消解、超越遇到的悲苦。

　　这首词具体描绘的"周郎"这个形象，是一个能扭转乾坤的强大形象。可是词中"千古风流人物"是"尽"了，"多少豪杰"是"一时"，这个固一世之雄的"周郎"而今安在哉！词人在这时留下了一个艺术的空白，让读者想象——"周郎"仍同样不可避免地消失在历史的风尘中，同样"尽"了，归于"空无"。他与凡夫俗子的命运并无二致。这就促使人去领悟宇宙人生的真相，去探索在纷扰争斗的社会关系中去建功立业的底蕴。无论仕途上有多少丰功伟业的人物，终归如泡如影如露如电。"周郎"这个形象愈强大，愈令人心驰神往，就愈能表达"终当归空无"的思想，愈能促使还留恋仕途的人们省悟。苏轼以之排解政治失意的痛苦，帮助他在精神上达到自适，超越苦难而保持旷达的情怀。这样分析"周郎"形象，也才和词人当时的思想相榫，也才符合词中所表达的思想。

　　苏轼写这首词时已经四十七岁。元丰二年（1079 年），他因"乌台诗案"而被加以诽谤朝廷的罪名逮捕入狱，在狱中一百多天，受审十多次，惨遭折磨，"几致重辟"。后谪居黄州，元丰三年（1080 年）到达贬所。他是作为"罪人"安置在黄州，黜居思过。他经历了"在朝——外任——入狱——贬居"大起大落的过程，得意时是誉满京师的新科进士，当朝天子（仁宗）为子孙所选宰相；失意时是柏台肃森的狱中死囚，躬耕东坡的陋邦迁客。权力变幻无常，荣辱、祸福、穷达、得失之间的反差巨大鲜明。这是他心情极其苦闷的时期，虚幻意识十分沉重。其云："四十七岁真一梦，天涯流落泪横斜。"（《天竺寺》）雄心壮志消磨殆尽。又云："便为齐安（黄州）民，何必归故丘。"连"扶病入西州"都无望，哪里还谈得上对功业的强烈追求啊！所谓"报国何时毕，吾心早已降"（《寄蔡子华》），正表明苏轼无意求升迁，对仕途厌倦，建功立业之心早已平静。"功业理想"说是与之相悖的。

在黄州期间，苏轼心情苦闷，余悸未消，惴惴不安，忧谗畏讥。他在给朋友李子仪的信中说："得罪以来，深自闭塞。扁舟草履，放浪山水之间，与樵渔杂处，往往为醉人所推骂，辄自喜不为人识。"（《答李端叔书》）这透露出他在政治上的退避心情。另一位朋友约他去武昌，他婉言谢绝道："恐好事君子，便加粉饰，云：'擅去安置所，而居于别路。'传闻京师，非细事也。"（《与陈季常》）"功业理想"说实与他当时的心态相左。

苏轼的思想是复杂的。他对儒、道、佛三者濡染均深，随着生活的顺逆，他心灵的天平理所当然地会向某一方向倾斜和侧重。苏轼本是一个"奋厉有当世之志"的文人，他自视很高，说自己"有笔头千字，胸中万卷，致君尧舜，此事何难"。（《沁园春·赴密州早行，马上寄子由》）他过去基本上处于顺境之中。即使因政见不合，离开了朝廷，但是在杭州任通判，是地方副长官；在密州、徐州、湖州都是知州，是地方长官。在黄州却是被暗管的"罪人"。这对苏轼的打击很大，其人生思想发生了很大的变化，他自然而然地从佛老思想中去寻求慰藉。

其《黄州安国寺记》颇能说明他在黄州时的思想，现录于后，供大家研究。

元丰二年（1079年）十二月，余白吴兴（湖州）守得罪，上不忍诛，以为黄州团练副使，使思过而自新焉。其明年二月至黄，舍馆初定，衣食稍给，闭门却扫，收招魂魄。退伏思念，求所以自新之方。反视从来举意动作，皆不中道，非独今之所以得罪也。欲新其一，恐失其二，触类而求之，有不可胜悔者。于是喟然叹曰：道不足以御气，性不足以胜习，不锄其本而耘其末，今虽改之，后必复作。盍归佛僧，求一洗之。得城南精舍曰安国寺，有茂林修竹，陂池亭榭。间一二日，辄往焚香默坐，深自省察，则物我相忘，身心皆空，求罪始所从生而不可得。一念清静，染污自落，表里倏然，无所附丽。私窃乐之，旦往而暮还者，五年于此矣。

这段话表明，苏轼在贬官黄州之后，其思想已归诚佛僧，故而"物我相忘，身心皆空"。《念奴娇·赤壁怀古》词首的"尽"，词尾的"梦"，不正是这一思想的反映吗？既然如此，"功业理想"说又从何说起呢？

他以"笑"自嘲，自嘲"多情"，以招致"早生华发"。他笑自己，心忧国事，要为国家建功立业，执着于仕途，却险遭"重辟"。自嘲反映了他奔走仕途的反思、省悟。正如他的《前赤壁赋》所云："且夫天地间，物各有主，苟非吾之所有，虽一毫而莫取。惟江上清风，与山间明月，耳得之为声，目遇之为色，取之无禁，用之不竭。是造物者之无尽藏也，吾与子所共适。"他认为功业非"吾"所有，自己误入仕途。他后悔奔走官场，失落自我，无限的感伤，似海的愁情。他自怨自艾自嘲，如慕如泣如诉。其"反思"将自己执着于仕途幽默为自作"多情"，又以"早生华发"形象地表达奔走于仕途给他带来的痛苦、忧愁、苦难，并以之抒写其省悟和悔恨。词人再以其"反省"来强化这一主旨，扬弃追求功业理想的意义和价值。

由此观之，"功业理想"说是分割的评价。我们不能赞同分割的评价。任何文学作品都是一个自足的系统，追求整体效应。当作品表层意蕴和深层意蕴之间出现悖论的时候，作品被分裂后的某一层面所体现的价值可能并非真的价值而是伪价值。说"周郎形象"是抒写词人建功立业的理想，就是作品被分裂后的某一层面所体现的价值，但它不是真价值而是伪价值。只有从整体上去观察剖析，从而得出的评价，才可能符合作品实际。

综上所述，《赤壁怀古》不是抒写词人建功立业的理想，而是以之对这一理想的扬弃；它寄托了"仕途虚幻空无"的思想，表达了"万物齐一"的哲学思辨和"人生似幻化，终当归空无"的人生感叹。"功业理想"说是既不知其人，又不知其文呀。

《赤壁怀古》流露了其政治失意后的消极情绪吗？

"消极情绪"说，以为词人本希望像"三国周郎"那样，少年得志，功成名就；但是可悲的现实却是"早生华发"，一事无成，反落得贬官黄州，于是词人面对壮景，缅怀英雄，对照自己壮怀不遂，老大无成，而兴"人生如梦"的消极感叹。毋庸讳言，"人生如梦"是有苏轼在仕途上受挫后的"政治退避"的一面。我们是唯物主义者，不必为所爱辩诬而拔高其作品的思想性。在精神痛苦中，词人确有借此排遣内心郁积，作为精神寄托的真实方面。可是它既不是词人精神世界的全部，更不是其主流。

"人生如梦"中的"人生"实指"仕途"。词中无论概括写的"千古风流人物"，还是具体描绘的"三国周郎"，都是谈他们在仕途上的功业；词人自我反省，亦是自己的宦海生涯。苏轼因所谓的讪谤朝政，险掉了性命，故不用"宦海"、"仕途"、"官场"等字眼，而用"人生"，以免涉及议政，再次大祸临头，谨慎而已。苏轼因"乌台诗案"入狱受审，浩劫余生，戴罪于黄州。他回顾自己政治上的大起大落，咀嚼仕途的况味，借佛家的"六如"（如梦如幻如泡如影如露如电）观，表达了他在追求功业理想方面的省悟——仕途像梦一样虚幻无常空无。这是他历史的深层思考，是他个人仕途的体验，是他对功业理想的意义和价值的新认识，是他对自己的自宽自慰，是他对热衷仕途的"故我"的扬弃。

"仕途如梦"并不意味着词人的整个人生态度消沉了。词人并没有像前人由此发展到对整个人生的厌倦和伤感，其落脚点不是从前人的"政治退避"变而对"社会的退避"。苏轼在以佛老思想排忧解愁时，就告诫自己："学佛老者，本期与静而达。静似懒，达似放，学者或未至其所期，而先得其所似，不为无害。"（《答毕仲举书》）故其居黄时期，在文学上取得令人惊羡的成就。其弟苏辙说，在这之前，他们两兄弟的文章还不相"上下"。"既而谪居于黄，杜门深居，驰骋翰墨，其文一变，如川方至，而辙瞠然不能及也。"（《东坡墓志铭》）苏轼有如孔子，"欲以治世弊，道不行，则定《诗》《书》，订《礼》《乐》，序《春秋》。"（《汉文学史纲要》）孔子不遇于鲁，则去而它适；道不行，则退而著书立说，其人生态度怎能说是消极的呢？黄州时期苏轼在文学上取得的成果，奠定了他在宋代文坛的领袖地位。这足以说明他并没有因政治上的失意而陷于消极颓废的情绪之中，而且他的人生追求是积极的，孜孜不倦的。

"一樽还酹江月"，并非寄言纵酒寻乐，而是借酒写乐，以之表达其不屈之志。这才是其思想的主流。这也如词人所谓"菊残犹有傲霜枝"（《赠刘景文》），其情清丽雄奇。

东坡的词往往是风格如人格，词品如人品。即使对苏轼颇有微词的朱熹，也不能不赞叹其凛然正气。其云："苏公此纸出于一时滑稽诙笑之余，初不经意。而其傲风霜，阅古今之气，犹足想见其人也。"（《跋张以道家藏东坡枯木怪石》）苏轼一生把"名节"、"人格"看得比什么都重要。他年轻时这样写道"名声实无穷，富贵亦暂热。大夫知此理，所以持死节。"（《屈原塔》）他不仅这样写，而且是这样做。他以"忘躯犯颜之士"（《上神宗皇帝书》）自居，又以"使某不言，谁当言者"（《曲洧旧闻》卷五引）自负，并以"危言危行，独立不回"（《杭州召还乞郡状》）的"名节"自励。他作《刚说》反驳"刚者易折"的说法，认为此乃"患得患失之徒"的论调。直到晚年，他仍表白"君命重，臣节在"（《千秋岁》）。而就苏轼一生看，他也确实在"俯仰万变"的人世沧桑中，始终以"节义"自守，实现了自身人格道德的完善。他的这一人生思想不仅未因政治上严重受挫而改变，反而更加鲜明。其贬居黄州时写的"拣尽寒枝不肯栖，寂寞沙洲冷。"（《卜算子·黄州定惠寺院寓居作》）他那决不攀权附贵，守正恶邪的人格独立精神跃然纸上。如果我们联想苏轼所谓诽谤朝政而险遭杀头的事实，其"一樽还酹江月"，这个以"江月"为侣，与"江月"同乐的形象，仿佛重现了词人在险恶的政治环境中风节凛然的直臣范仪，暗示了词人虽处穷厄，誓不苟合于世，"俯身从众，卑论趋时"（《登州谢宣诏赴阙表》）的独立不倚的光辉人格精神。

听任自然，随缘自适，超然达观，是苏轼的处世哲学，也是他仕途上的进退观。他说："用舍由时，行藏在我，袖手何妨闲处看。身长健，优游岁月，且斗尊前。"（《沁园春·赴密州》）他以这种哲学观保持内心的平静，开朗乐观。他用这种处世标准衡量古人，批评管仲不能做到"谏而不听，则不用而已矣"。（《论管促说》）指责贾谊"不善处穷"（《论贾谊》）。他非常赞赏韩琦、欧阳修"以道事君，不可则止"。这一哲学观无疑地帮助他超越政治上的巨大创痛，而保持乐观旷达的情怀。"一樽还酹江月"这一艺术形象，不正表达了词人对功名富贵超越自适的襟怀吗？

苏轼是很有个性的人。他曾借"凛然相对敢相欺，直干凌空未要奇"（《王复秀才所居双桧》），抒写自己挺拔不屈之志。他的这一个性并未因仕途坎坷而变得圆滑，在黄州时反而尤为突出。其作于元丰五年（1082年）的《定风波·沙湖道中遇雨》云："莫听穿林打叶声，何妨吟啸且徐行。竹杖芒鞋轻胜马，谁怕？一蓑烟雨任平生。"后来贬到边远的惠州，其志不改，作诗云："白发萧散满霜风，小阁藤床寄病容。报道先生春睡美，道人轻打五更钟。"这首诗传到京师，章谆笑道，苏轼还这般快活吗？于是把苏轼贬到更远的儋州。这是绍圣四年（1097年）四月发生的事。苏轼的政敌从"春睡美"这个形象中，体味到诗人的轻蔑和不屈。我们也不难从"一樽还酹江月"中，体味到词人对抗挫折，迎战命运的意义。清人刘熙载云："词之妙莫妙于以不言言之，非不言也，寄言也。"（《艺概·词曲论》）

这三者共同构成了词人独立不倚的光辉峻洁的人格精神和旷达的个性特征。"一樽还酹江月"表达了词人对生活的挚爱，并在人生思考的多元取向中，最终落实到对个体生命与独立人格价值的不倦追求。词人以"人生如梦"扬弃了追求功业理想的意义价值，但他并未因之而陷入消极悲观中而不能自拔，而是超越痛苦，以"一樽还酹江月"表达了他的新追求，追求自我的人格理想。这也是"达兼穷独"这一中国传统文化的体现。词人"故我"扬弃了，但他不能不在社会存在中继续寻找生命的意义和价值，而"一樽还酹江月"暗示了词人在自己的人生坐标中确定的新的追求。

"人生如梦，一樽还酹江月"记录了苏轼价值取向前后变化的一个过程。苏辙在《东坡墓志铭》中云：（苏轼）"初好贾谊、陆贽书，论古今治乱，不为空言。既而读《庄子》，喟然叹曰：'吾昔有见于中，口未能言也；今见《庄子》，得吾心矣……'后读释氏书，深悟实相，参之孔墨，博辨无碍，浩然不见其涯矣。"这段话充分说明苏轼思想的复杂性及前后变化的过程。"乌台诗案"应是其思想变化的分水岭。苏轼在黄州给他朋友的信中说，李端叔对他的"称说"的"皆故我，非今我"。其"故我"、"今我"谓何？执着追求功业理想者，故我也；追求光辉峻洁的人格思想，今我也。词人借"人生如梦"扬弃"故我"，以"一樽还酹江月"张扬"今我"，思深而意远。

总之，我们应根据词人仕途的进退观、自我人格、个性气质、人生思想，去把握"一樽还酹江月"这个意象的内涵，去判定它蕴含的潜在的相对确定的定向暗示和情感意向，那种停留于形式而轻率作出简单化、肤浅化、甚至曲解的评价，就如苏轼所讥"诗老不知梅格在，看说绿叶与青枝"（《红梅》）。苏轼的词，常常是昂扬奋发中伴随着感叹消沉，旷达洒脱中夹杂着空虚烦闷，消极喟叹中包含着积极的期待，闲适平淡中暗伏着奔放的热情；其某种主调中又往往有其他音部的合奏，豪放不是单纯的豪放，感伤不是单纯的感伤，闲适不是单纯的闲适……这是苏词的特色。对《念奴娇·赤壁怀古》的分析评价，不能简单化一，浅尝辄止。"一樽还酹江月"，言简意丰地表达了词人深邃精微的人生思想。它不仅表达其超然自适的旷达情怀，而且还寄托了他不愿苟且从流的刚正不屈的风尚；也不乏其笑对人间厄运，对抗挫折，迎战命运，保持自我本性的浩然正气。

全篇到此，主旨有如千里伏流，迂回曲折，历久而后涌现，轩豁呈露。本词以深沉的历史思考和个人的仕途体验，抒写其对仕途的省悟和悔恨，并以之扬弃追求功业理想的"故我"，推涌出笑对人间厄运、保持自我本性、不愿"俯身从众，卑论趋时"屈节从俗的"今我"。

这首词曰"念奴娇·赤壁怀古"，名为"怀古"，实为"叹今"；词是写赤壁，心实为己而发，细思方得其立意处。"乌台诗案"促成苏轼人生思想的变化。巨大的打击使他深切地认识和体会到，外部存在着残酷的而又捉摸不定的力量，自身在茫茫世界中的地位。他在吸取传统人生思想和个人生活体验的基础上，创作了这首千古绝唱。其词写出了他独特的思路：苦难—省悟—超越，并以"尽"为线索，将"千古风流人物"，"一时多少豪杰"，"三国周郎"，"自我反省"，"慨叹明志"一气贯之。在首句以"尽"点明，在结句以"梦"照应，除了头尾点明的字眼外，其他的地方都是隐藏不露的。有了这一条线索，全词虽文笔跌宕排激，而首尾圆合，条贯统序，纲领昭畅，自然如行云流水。根据作者的艺术构思可以看出，他是借黄冈赤壁之地，以写三国赤壁之战的英雄，发"怀古"之幽思；又借"怀古"之名，抒己之情，言己之志。借"怀古"和"反省"，以"人生如梦"作结，又以之将"故我"扬弃；而"今我之志"却由"一樽还酹江月"而道之。"一樽还酹江月"就是其词的"傲霜枝"，词人就是借这一形象抒写了其光辉峻洁的人格思想。《赤壁怀古》词神韵，正如词人自己所谓"生就傲霜枝，幽香不可传"。

《念奴娇·赤壁怀古》反映了苏轼独特的个性。它是他那旷达性格、不屈的灵魂，与所处的艰险环境之间的矛盾而激射出来的火花。他不愿苟且从流，要保持自己高尚的节操，但又不能公开反抗。于是在旷达不羁的掩护下，用一种类似玩世不恭的态度来表示自己的不满、不屈、甚至抗争。这种因素是存在的。这种方法不但使苏轼自己突破了当时环境对他的束缚，而且在当时及后世都支持和鼓舞了一些正直的知识分子反抗封建社会的黑暗统治，使他们保持一种洁身自好，不同流合污的高尚品格。而这一点，从历史上看，一直在发挥积极的影响。这首词之所以能给人强大的感奋力量，不正是其所体现的在险恶的政治环境中挺拔光辉的人格思想吗？

我们在研究古代作家作品——尤其是像苏轼这样作品繁富、成就卓著，世界观又相当复杂的古代大家的时候，特别要注意的一个问题是，必须审慎地力求把每一个结论都建立在对其全部作品所作的全面、联系的分析研究的基础上。因为，"如果从事实的全部总和、从事实的联系去掌握事实，那么，事实不仅是'胜于雄辩的东西'，而且是证据确凿的东西。如果不是从全部总和，不是从联系中去掌握事实，而是片断的和随便挑出来的，那么事实就只能是一种儿戏，或者甚至连儿戏也不如。"（《列宁全集》第 23 卷，第 279 页）当然，评论者所涉及的这些研究范畴并非没有意义。但是，如果不把这些同苏轼的整体研究结合起来，不去衡量它们对词人的生活道路、思想发展、创作实践产生的实际影响的大小，不从词人的全部作品中去把握事实，认真考察他们的基本倾向，而是从研究对象身上随意撕下一块衣片，脱离"全人"，去孤立地加以评述，或者只是抽出个别事实，罗列一般例子，便断然作出结论，那么，除了服务于评论者的主观愿望外，到底有多大的实际意义，就很值得考虑了。

李白《蜀道难》主题新议

◇张光富

李白的《蜀道难》（以下简称《蜀》），是一篇惊天地、泣鬼神的不朽名作，它所具有的艺术成就和感染力是不言而喻的。但是，关于它的主题，自中唐以来就千载纷纭，迄无定论。愚以为，《蜀》言在写蜀地山水，意在写诗人在长安三年翰林生活的政治感受。它抒发的是政治感叹，表达的是政治判断和政治预见。所以，这不是一首山水诗，而是一首政治抒情诗。现试论述之，以就教于专家、学者。

《蜀》云"问君西游何时还"，"侧身西望长咨嗟"。让我们先从其"西游"、"西望"考证之。前人谓：自秦去蜀自可称曰"西游"，自秦望蜀中亦可称曰"西望"。其实根据长安与蜀的地理位置，自长安去蜀当谓之曰"南游"，自长安望蜀中自应称"南望"。这有诗可证。李白的《剑阁赋》云："咸阳之南，直望五千里，见云峰之崔嵬，前有剑阁横断，倚青天而中开。"咸阳和长安几乎在同一纬线，在长安之东。咸阳望蜀，诗人称之"南望"。那么长安望蜀亦应是"南望"。那么"西游"和"西望"的真正内涵是什么呢？如果我们以李白的"会稽愚妇轻买臣，余亦辞家西入秦"（《南陵别儿童入京》）和"出门妻子强牵衣，问我西行几时归"（《别内赴徵三首》）考之，《蜀》中的"西游"应是这些诗中的"西入"和"西行"。那次西行，诗人从南陵启程，时间秋季，到长安后供奉翰林。天宝三载赐金放还，遂取商州大路"东归"。返家称东归，故返家途中侧身望长安谓之曰"西望"。那么其中的"君"，好像不应注为"诗人的一位朋友"，也不能注为"一种虚拟的方式，即实无其人，而是指西游之人"，更不能注为"唐玄宗"。而似乎应注为"作品的抒情主人公，就是作者自己"。因为"西行"的是"余"、"我"啊。这才和文中的方位词相榫。那么"西游"应指李白应诏入京那次长安之行（即历史上早已认定的那次）。所以《蜀》写的是他在长安的生活感受。

"噫吁嚱，危乎高哉"，噫、吁、嚱、乎、哉，《蜀》开篇连用五个叹词，奇之又奇，其连天的浩叹破空而来，有挟天风海雨而来之势。其情似火山爆发，如洪波汹涌，石破天惊，排山倒海，不可阻遏。开篇就使读者受到诗人情感的强烈震撼。"危乎高哉"中的"危"，《古代汉语常用字典》（商务印书馆出版）释为"高"。这种解释颇有代表性。释词的一个重要原则是词不离句，句不离段，具体问题具体分析。让我们把"危"放到它的语境中去探讨，那么"危"似乎应释为"险"。其理由有三：一、《蜀》云："上有六龙回日之高标，下有冲波逆折之回川。黄鹤之飞尚不得过，猿猱欲度愁攀援。""扪参历井仰胁息，以手抚膺坐长叹。"其景物描写扣住了两个特征："高"和"险"。二、"危"释为"高"，则重复，重复是为文之大忌。三、"危"作"险"讲时，含有不稳定和危急之意，多作形容词。而"险"只是表示地势险要或道路险阻等，多作名词。诗中"高"和"危"对举，故"危"是形容词。所以诗人用"危"。诗人是以"蜀道危"寓"国家危"，即"国家的不稳定和危急"之意。言在此而意在彼啊，我们不能不察。"蜀道危"反复行乎其间，是诗人在歌舞升平的盛唐时期，发现了盛唐潜伏的种种政治危机，而高呼"国家危急"，以醒世人。这是诗人在太平盛世时发现国祚将衰，而发出的"忧天倾"的巨大政治喟叹。诗人把全部思想感情的洪涛巨澜壮浪纵姿地全部倾泻给读者。它就像狂风卷过大地，卷过读者的心头。真是"神来，气来，情来"之笔。这是诗人为国家即将爆发的一场大灾难而呼天痛哭。

"蜀道之难，难于上青天"的咏叹，在诗中开头、中篇、篇末回旋往复，成为全诗思想感情的基调。唐玄宗亲近奸相佞臣，迷于女色，国家祸乱或迟或早将要发生。诗人明叹"蜀道之难，难于上青天"，实叹"扭转国家危局难于上青天"。又以"问君西游何时还"的问询，"嗟尔远道之人胡为乎来哉"的叹惋，"锦城虽云乐，不如早还家"的远奸避祸的思想和报国无路的忧愤和失望，与篇首的五个叹词和结尾的"长咨嗟"的喟叹，共同奏出《蜀》的主旋律，其惊愕、焦急、忧虑、愤懑、失望、惶恐不安之情均在言外。诗人把精深的政治见解和他丰富复杂的情感，采用这种手法表现出来，使得断和续、吞和吐、隐和显，销魂般的凄迷和预言似的清醒，紧紧地结合在一起，其旨反复行乎其间，气势充沛，腾跃有势，跌宕多姿，一唱三叹，令人回肠荡气，形成强大的艺术魅力，构成忧天忧民的警世之叹。

李白一生奋斗的理想，是要以布衣取卿相，"佐明主"、"济苍生"、"安社稷"。他二十五岁仗剑出川，用了整整十七年光阴为之造势。天宝元年（742 年）应诏入京，受到玄宗破格礼遇，供奉翰林，三年翰林待诏生活，使他失望。玄宗沉迷声色，不问国事，国家危机四伏而不知。诗人遭豪门权贵，谗言诽谤。他在《梁甫吟》中云："我欲攀龙见明主，雷公砰訇震天鼓。帝旁投壶多玉女，三时大笑开电光，倏烁晦冥起风雨。阊阖九门不可通，以额叩关阍者怒。白日不照吾精诚，杞国无事忧天倾。"他又说："君失臣兮龙为鱼，权归臣兮鼠变虎。或云：尧幽囚，舜野死。"（《远别离》）看来李白确实发现"盛世将倾"，将危国危君。《蜀》把这一政治见解虽然表达得含蓄蕴藉，却更加浓烈。这是"忧天倾"的政治感叹。

该诗表现了李白的什么政治判断呢？皎然《诗式》云："但见情性，不睹文字，盖诗道之极也。"他告诉我们文章中的思想内容不是通过语言文字的直白，而是借助形象的真实描写显现出来的。又根据接受美学的一些基本原理：鉴赏主体能动的感受过程中，要接受客体的导向、支配和制约。一般来讲，对于一篇文学作品，通过仔细阅读分析，便会发现客体都有潜在的、相对确定的定向暗示和情感意向。我们必须以此为通道，才能真正切入作品的深层结构。所以我们研究《蜀》的主旨应从诗作的"定向暗示"而不是表象，应从诗作的"形象"而不是语言的直白，来把握作品的内涵，才可能获得比较正确的、原味的艺术感受。才能"酌奇而不失其贞，玩华而不坠其实"。

玄宗亲近重用阴谋家、野心家，并让他们身居高位。奸相树党相群，悍将拥兵自重。天宝初，玄宗荒淫废政，女后之祸，宰相窃位，宦官干政，藩镇割据的种种政治危机已露端倪。诗人以"蜀道"为载体，让"国家危急"蕴含其中，使"物"、"意"二者有、无相生，虚实结合，物我同一，斐然成章，构成深邃的意境，用隐晦曲折的文笔，离奇闪烁的描写，反复渲染，表达了他对时局的认识。其意行乎其间，却不见踪迹，杳冥惝恍，深不可测。正如严羽所论："盛唐诸诗人惟在兴象，羚羊挂角，无迹可求。"（《沧浪诗话》）但是潜心探求，还是可以看见其旨在作品字里行间闪现。草蛇灰线，虽隐而显，幽愤秘旨，虽曲而达。李白极写蜀道难，其意绝非仅仅夸写蜀地山水雄奇险峻。当他把峥嵘崔嵬的蜀道呈现在读者面前时，笔锋骤转，由自然景观的描写转入对时局的评论："剑阁峥嵘而崔嵬，一夫当关，万夫莫开"，又以"所守或匪亲，化为狼与豺"揭示出全诗的主旨。千里来龙，到此结穴，思想深广浑厚。这正如陆机所谓："立片言以居要，乃全篇之警策。"（《文赋》）"峥嵘"，山势高峻；"崔嵬"，高大不平。这是对剑门的描写。"一夫当关，万夫莫开"的剑门关可喻国家权力之高位。"所守"，即喻把持国家高位的权贵。"或",可释为不指定代词"有些人",也可释为表示游移估量的语气副词"也许",也可注为表示假设关系的连词。本诗如果是表达李白的政治观,那么我以为宜释为"如果"。"匪"通"非",作"不是"讲。"亲",宜释为"亲近"。"狼"与"豺"喻叛逆作乱之人。例如,"何意上东门,胡雏更长啸,中原走豺虎,烈火焚宗庙。"(《经乱离后将避剡中留赠崔宣城》)和"猛虎又掉尾,磨牙皓霜雪。"(《北上行》)这两首诗中的"豺"与"虎"喻叛逆作乱的安禄山。《蜀》则以之喻占据国家权力高位的权臣贵戚。那么,"所守或匪亲,化为狼与豺",直译则为"居国家高位的人,如果不是国君该亲近之臣,就会变为叛臣逆贼"。诗人主张君主必须高度集权于自己手中。这是针对玄宗不理朝政,"朝事付之宰相,边事付之诸将",奸相贼臣权倾人主而发的,表达了诗人对玄宗用人政策的极大担忧,揭示了"国家危"的根本原因。

　　这里指出的国家危殆的根本原因,是诗人不同凡响的政治判断,可是时人还沉醉在歌舞升平的大唐盛世。"朝避猛虎,夕避长蛇,磨牙吮血,杀人如麻",形象地表达了国家战乱必至的新人耳目的政治预言。"国家危"的根本原因是"所守或匪亲"。"国家祸乱"是"所守或匪亲"发展的必然结果。其实这样的观点前人已有论述,诸葛亮在《出师表》中说:"亲贤臣,远小人,此先汉之所以兴隆也;亲小人,远贤臣,此后汉之所以倾颓也。"这本不足为奇,奇在大家还在歌颂盛世,他却看到了盛世的危机,提出这一振聋发聩的政治见解。再联系天宝十四年(755年)发生的"安史之乱"和"马嵬坡事件"等重大史实来思考,我们就不能不钦佩诗人的政治才略和眼光。

　　这是诗人卓异不凡的政治预言——一场政治大动乱的战祸将不期而至。有"资料"云:李太白始至京师,名未甚振,因以出示《蜀道难》一篇,而名振京华,享誉文坛,颂之为"诗仙"。能有如此大的轰动效应,或许只有切中肯綮的时局评论,才能引起有识之士这样强烈的共鸣。这是诗人在长安三年翰林生活侧身上层社会的政治预言。

晚唐诗论家司空图的《诗品》，论诗以盛唐为宗。他说诗歌创作不能停留在形象上，要超越形象避免形似，要所得在意象外，要遗貌取神，要妙悟。有了妙悟，便即景会心，体物得神，俯拾即是；没有妙悟，便"匪神之灵"，"临之已非"了。创作诗歌是如此，体悟诗歌亦如此。品味《蜀》也要妙悟，要遗貌取神。

李白的政治抱负，决定了他对政治的热衷。李白颠沛流离的一生及雄奇瑰丽的诗歌创作，同当时的政治有着千丝万缕的联系。据此我们说诗人借蜀道危的形象，深刻而尖锐地指出盛唐潜伏着政治危机，是诗人对天宝初的重大政治事件及时事的感怀中，对现实政治有所感而发的。

综上所述，《蜀》抒发了忧天忧民的政治感叹，表达了不同凡响的政治判断及卓异不凡的政治预言。《蜀》是一首政治色彩浓厚的抒情诗，这样讲不是没有道理的。

管见二则

"兵旱相乘"即"兵旱相加"

《论积贮疏》一文中的"兵旱相乘",课本注为"兵灾、旱灾交互侵袭。乘,相因、趁"。这是不确切的。笔者以为,"兵旱相乘"就是"兵旱相加",译为"兵灾、旱灾一齐(共同)发生"。

先说"相"。"相"作副词念第一声阴平,表示两种以上情况交互对待的关系,译作"交互"。但若径取"交互"义,那么"兵旱相乘",则意味着"兵灾发生了旱灾又发生",时间上有先后,这显然不合文章原意。贾谊上这篇奏疏,意在劝汉文帝重视农业生产,提倡积贮粮食。在分析了汉初"岁恶不入,请卖爵子"这一触目惊心的状况之后,作者为了进一步揭示不事积贮可能引起的灾难性后果,使用分合表述方法,先分说"不幸方二三千里之旱"和"卒然边境有急"可能出现的两种情况,随后用"兵旱相乘"四字将二者并提合说,以达到使皇上振聋发聩的目的。因此,"兵旱相乘"之"相"字,应作"共同"、"一齐"讲,才切近文章原意。杨伯俊《古汉语虚词》中"相"的用法之四:"相"

字也作"共同"用，然而多用"相与"、"相与共"、"相与俱"这类词组。据此，"相乘"之"相"也可谓是"相与"或"相与共"的省略。

再说"乘"。从句式看，"兵旱相乘"是主谓句，"兵旱"为名词短语作主语，"相"为副词充当状语，"乘"是动词谓语。如把"乘"讲作"相因、趁"，那么"兵旱"怎么样则无着落，因为"相因、趁"一般作介词，是"趁着（凭借）……的机会（条件）"的意思，和名词或代词组成介宾词组作状语，表示动作行为的方式。如"将士乘胜，进攻其城"（《三国志·吕蒙传》）。"乘胜"，就是"趁着胜利的势头"，修饰"进攻"的方式方法。至于把"乘"讲作"侵袭"，太过牵强了。"乘"究竟作何讲呢？我以为作"加"讲。查《中华大字典》："乘，加也。""加"，表示把一物放在另一物的上面。由此引申为"施加"、"施以"，有渐进、扩散的意思，故又转训为"发生"。

基于上述理由，我冒昧地认为："兵旱相乘"即"兵旱相加"。

析"往请"

《信陵君窃符救赵》中有一句"公子闻之，往请，欲厚遗之"，课本及人教社的《教参》都对其中的"往请"释为"叫人去问候"。我以为这是值得商榷的。

有悖作者本意。司马迁为战国四公子都立了传，而对于信陵君特别推重。传文伊始，作者就总写公子"为人仁而下士，士无贤不肖皆谦而礼交之，不敢以其富贵骄士"。为了表现信陵君礼贤下士这一为人美德，作者着意选取了礼迎夷门监者侯嬴、过访屠者朱亥、结交博徒卖浆者毛薛二公三个典型情节，用精雕细刻之笔，极力予以烘托刻画。通观《魏公子列传》，司马迁写这三个情节时，"往"凡三用：迎侯生，公子"往请"；访朱亥，"公子往，数请之"；交博徒卖浆者，公子"间步往从此两人游"。这三个"往"字，再清楚不过地表明了信陵君"不以其富贵骄士"，放下架子，亲自访贤求士的情态，把传文开始所写的为人形象化、具体化。试想，把"往"解作"叫人去"，不是与"谦而礼交"、"不以其富贵骄士"相乖违吗？侯生等人虽出身下层社会，但都性格傲岸，不肯轻易攀附于人。正是公子亲自去问候侯生，听了侯生"臣修身洁行数十年，终不以监门困故而受公子财"的话，愈增对侯生的敬重，进一步激起求士的渴望，所以再为他"置酒大会宾客"，并亲枉车骑（以显其心至诚）迎侯生。在这一情节中，作者通过公子"虚左"、"执辔"、"引侯生坐上座，遍赞宾客"、"为寿侯生前"等细节，浓墨重彩地正面表现了公子的礼贤下士，同时又以侯生"直上载公子上座，不让，欲以观公子"、市中"睥睨故久立，与其客语"等细节刻画，从侧面映衬信陵君的礼贤下士。正是公子"谦而礼交"的态度感动了侯生，侯生终引信陵君为知己，在救赵中献出"窃符"之计，并在公子至晋鄙军之日践诺而北向自刭。如果把"往请"释为"叫人去问候"，则大大削弱了信陵君礼贤下士的形象，与作者推重信陵君的本意是相悖的。

对"往"字的训释欠妥。在古汉语中，"往"与"来"、"返"相对，作"去，到……去"讲，表示的是施事者的自动而非使动。因而"往"字应释为"亲自去"。从"往请"看，很显然是承前省略了主语"公子"，"往请"即为"公子往请"，表示的是公子的动作而不是公子使宾语（人）的动作。如果是公子"叫人去问候"，应为公子"使人往请"才是。再者，在《史记》中，凡表使动，作者都用"使"而不用"往"。如《陈涉世家》："扶苏以数谏故，上使外将兵"，又如《周亚夫军细柳》：（天子）"使人称谢：'皇帝敬劳将军'。"

综上所述，公子"往请"，应释为公子"亲自去问候"，而不是公子"叫人去问候"。

杜甫《阆山歌》《阆水歌》赏析

◇毛明文

　　唐代大诗人杜甫在避乱居蜀期间曾两次来往于阆州、梓州之间。广德二年（764年）春天，吐蕃被击退，长安已收复，诗人的世交好友严武离蜀去京，四川军阀相继叛乱，杜甫决意出峡北归。这年春天，诗人由梓州（今三台）携家小第二次至阆州（今阆中）。寓阆期间，写了盛赞阆州山水的名篇《阆山歌》《阆水歌》。

　　《阆山歌》是这样写的：

> 阆州城东灵山白，阆州城北玉台碧。
>
> 松浮欲尽不尽云，江动将崩未崩石。
>
> 那知根无鬼神会，已觉气与嵩华敌。
>
> 中原格斗且未归，应结茅斋著青壁。

　　这首拗体七言律诗，专咏阆山之胜。阆州城外，四周峰岭环绕。此诗仅以城东的灵山和城北的玉台山为代表，首联将其推出，并用"白"、"碧"写两山不同的色调，造成强烈的反差，给人以鲜明的印象。大意是：阆州城东的灵山一片雪白，而城北的玉台山却一派碧绿。

　　二联，抓住阆山风光的特征加以描绘。大意是：松林上云雾飘忽，欲尽未尽；山脚岩石被江流冲激，似崩未崩。如此的动态描写，既突出阆山的巍峨雄峻，又使人如见其状，产生无穷的魅力。

三联，作者展开想象：这将崩未崩的山根怎么会没有鬼神呵护呢？我已经感到它的气象可与嵩山、华山媲美啊！

四联，抒情。中原一带的战火尚未完全平息，还不能回去，暂且在这结茅斋住下，日夕观望阆山景色罢了！诗人对阆山之美进行侧面烘托，对阆州之山作了深情的赞誉，撩起读者向往之情。

诗人歌咏阆州之山，只概写灵山、玉台二山。说此山可与嵩、华匹敌，表现了诗人对阆山的热爱与称赞。

《阆水歌》是这样写的：

> 嘉陵江色何所似？石黛碧玉相因依。
>
> 正怜日破浪花出，更复春从沙际归。
>
> 巴童荡桨欹侧过，水鸡衔鱼来去飞。
>
> 阆中胜事可肠断，阆州城南天下稀。

阆中城在群山四合的一块山间平地上，嘉陵江流经阆中一段，古称阆水。由甘肃、陕西穿过千山万壑从广元、苍溪流经阆中西北，撞在锦屏山脚，绕城三面，折而东流。《阆水歌》，就是描绘阆中嘉陵江美丽景色的。

作者从嘉陵江水色入手。嘉陵江的水色像个什么样呢？有如青黑色的石黛和青绿色的玉石相融杂。"石黛碧玉相因依"，写出了嘉陵江水的特色，使人想见水深浪平、青碧之状。

接着四句写江上、岸边的景色和人物活动。"怜"，喜爱；"日破浪花出"，就是日光透过浪花照射出来；"春从沙际归"，就是春天从岸边沙际归来。王安石"春风又绿江南岸"，也是从沙际先绿以见春归。"巴童"，阆中古为巴国地，故阆地孩童称巴童。这四句话的意思是：我很高兴地看到霞光照射在浪花之上的美景，还能够从岸边沙际看到春回大地。儿童们荡起双桨从身旁驶过，水鸟儿衔着鱼在江上飞来飞去。嘉陵江是多么富饶美丽，两岸人民又是多么勤劳啊！

最后两句写诗人的感慨。"胜事"指风物之美；"可断肠"，即今之"可爱得要命"；"城南"，指阆中城南嘉陵江流经的地方。唐时，阆中城南有富饶美丽的南池，有"气与嵩华敌"的灵山，还有"两峰连列如屏"的锦屏山。唐代大画家吴道子画嘉陵山川图于长安大同殿，就是以阆南山水为轴心的。故诗人有"阆中城南天下稀"的赞叹。

《阆水歌》是一幅生动的风光图。这风光图，不是静态写生，而是一幅有声有色的动态画面。使人如身临其境，在心灵产生"阆州城南天下稀"的共鸣。

刘孟伉说："杜甫对阆州山川名胜，皆写得壮丽生动，而不露刻画雕琢痕迹。"可见，杜甫对阆州山川名胜是系心的。仇兆鳌《杜诗选注》引张延注《阆水歌》说："公当远离之时，而不失山水之乐，亦足见其处困而享矣。"同时，从"中原格斗且未归，应结茅斋着青壁"中，既见诗人对阆州山水热爱之深，亦见诗人在观山望景的暂时愉悦中仍念念不忘国事！

读《石榴》《牵牛花》

◇莫秉端

　　阅读好的文章，有攀摘硕果的快意，采撷鲜花的温馨。近日研习郭沫若的《石榴》和叶圣陶的《牵牛花》（均见中师《文选和写作》第一册），这种感觉尤甚。

　　《石榴》和《牵牛花》都是取材于植物的状物散文，情文并茂，璧合珠联。然而，各自选材的角度、风格和文笔却存大异。前者疏放有致，新奇俏丽，具有诗人的浪漫；后者曲折细密，沉着质朴，不乏小说家的写实。《石榴》重在写花果，以描写的方式，从交代时令，写一般树木的情况、少数树木的特点引出石榴，如风行水上，自然成文；《牵牛花》重在写藤蔓，以叙述的方式，从种牵牛花的历史和泥土写起，平实道来，大巧若拙。其后，虽都综合运用了描写、叙述、议论和抒情等多种表达方式，但前者重于描写，后者多有叙述，各自墨饱笔酣，臻于化境。

　　《石榴》从对枝、叶的简捷描写来凸现其特有的风度："奇崛而不枯瘠，清新而不柔媚……"字句烹炼，调音谐律，令人怦然心动。而着墨最多的还是对花和果的描绘：

　　……那对于炎阳的直射毫不辟易的深红色的花。单瓣的已够陆离，双瓣的更为华贵，那可不是夏季的心脏吗？

奇巧的设喻、精妙的形容，寥寥数语，便生动地写出了花之壮美的外在形象和内在的刚正性格。接着要言不烦而又具体形象地描写了"小茄形的骨朵"逐渐变化成果实的"妙幻的演绎"；"红玛瑙"、"花瓶儿"、"希腊式安普刺"、"中国式的金罍"……可谓百宝流苏，异彩纷呈，淋漓尽致地描绘了从花到果妙幻奇绝的种种仪态。新奇的想象，精妙的比喻，实非神思万里的诗人和学富五车的博物家不能出。再接下去，更有神来之笔：

你以为它真是盛酒的金罍吗？它会笑你呢。秋天来了，它对于自己的戏法好像忍俊不禁地，破口大笑起来，露出一口皓齿。那样透明光嫩的皓齿……

真是"情必极貌"，形神摇曳！我们从字里行间仿佛看到一位风姿绰约而天性活泼的处子。这种阅读效应，是因为它由枝叶到花果，逐层写来，错彩镂金，意象叠加，渐次丰满，乃至最后把石榴刻画得像人一样呼之欲出了。其行文之妙，犹如《老残游记》中白小玉唱书，"越唱越高"，"于那极高的地方尚能回环转折；几啭之后，又高一层"，如登泰山，"愈翻愈险，愈险愈奇"。

《牵牛花》却是另一种风格和文笔，取材的角度也不同。题名《牵牛花》，叶翁之意却不在写"花"，而在乎"藤蔓"。他以细密的写实和生动贴切的想象相结合的方法，先写"往年""木架子上"的藤蔓：

……互相纠缠着，因自身的重量倒垂下来，但末梢的嫩条便又蛇头一般仰起向上伸，与别组的嫩条纠缠，待不胜重量时便重演那老把戏……

惟妙惟肖地写出了藤蔓的生长态势。人们读后，如临其境，如见其情。这不是一尊倔强的"力"的雕塑吗？"条"之"嫩"，说明发展的前途无量，充满生机，充满希望，且与"把戏"之"老"形成强烈的反差，让读者从中感受到清新刚健之气和百折不挠、奋发向上的精神。然而，写得更具体，更充分的还是"今年""缠着麻线卷上去"的藤蔓：

嫩绿的头看似静止的，并不动弹；实际上却无时不回旋向上，在先朝这边，停一歇再看，它便朝那边了。前一晚只是绿豆般大一粒的嫩头，早起看时，便已透出二三寸长的新条，缀着一两张满被细白绒毛的小叶子，叶柄处是仅能辨认形状的小花蕾，而末梢又有了绿豆般大一粒的嫩头。有时认着墙上的斑驳痕想，明天未必便爬到那里吧；但出乎意外，明晨已爬到了斑驳痕之上；好努力的一夜功夫！"生之力"不可得见；在这样小立静观的当儿，却默契了"生之力"了。

观察细致入微，描叙真切可见，具有自然、亲切的"谈话风"，非文思细密、匠心独运的小说家莫能为。作家用"往年"、"今年"、"在先"、"停一歇"、"前一晚"、"早起看时"、"明晨"等表时间的叙述性的词语，将描写、议论和抒情捆住，以静中见动的方法表现了藤蔓"生之力"的演进情况。也许我们读过之后，并没有一下子就怦然心动，但细细咀嚼，却会穆然沉思，淡薄中见浓烈，舒缓中有奔腾，从中领悟到雍容自如的情致和深邃的哲理。

我们从《牵牛花》中"呆对着""复何言说"，恬然于"兴趣未尝短少"，又想到"他日开花将比往年的盛大"，可感受到作者沉着、内向、清峻、绵邈、理智大于诗情的个性。而《石榴》中"我本来就喜欢夏天

岁月如歌

……113

……我更喜欢夏天的心脏"，特别是当朋友说起昆明的石榴，竟然"禁不住唾津的潜溢了"，则表现出作者轻快、外向、炽热、躁动、诗情大于理智的气质。真是"文如其人"，活脱脱地体现了作者本真的"自我"。

在他们的笔下，石榴和牵牛花都不再是纯自然生物，而是寓情托意的载体，或者说是某种意想的隐喻和象征。文中通过点睛之笔，表达出鲜明的意旨。如《石榴》中"最可爱的是它的花……那可不是夏季的心脏吗?""夏天是整个宇宙向上的一个阶段，在这时使人的身心解脱尽重重的束缚。因而我更喜欢这夏天的心脏"。或明或暗地点了题，讴歌了高尚的情操，寄托了作者的理想与追求。而《牵牛花》写"嫩绿的头""无时不回旋向上"，"'生之力'，不可得见"，"却默契了'生之力'了"，明朗而含蓄地借牵牛花所表现的伟大的生命力，来赞扬人类的"生之力"，激励人们奋发向上。二者堪称言近旨远的载道佳作。

读这两篇优美的散文，我们的心会因受到一种崇高的审美力量的震撼而颤动，共鸣。它将涤去胸中的尘浊，让我们看见人的尊严，体会到人的价值和使命。

垂世经典　教谕奇文

——《再别康桥》赏析

◇莫秉端

　　《再别康桥》是高中《语文》和其他教材选入的经典作品，笔者从教三十余年，屡教屡新。兹将人们未谈及或谈得不足之处予以臆说，亦算愚者千虑所得，谨就教于方家。

　　拜读该诗之余，掩卷沉思：徐志摩之所以能写出如此绝妙之作，其原因是多方面的，但最根本的原因是他摆脱了非文学因素的左右，自由地表达自己对世界的独特体验。在他的笔下，天上的"云彩"是他系情的所在，"河畔的金柳"是他意中的"新娘"，"榆阴下的一潭"、"沉淀着"、"彩虹似的梦"，他要"满载一船星辉，在星辉斑斓里放歌"——简直如痴如醉！尤为甚者，他"甘心"做"康河的柔波里"的"一条小草"。如此钟情于大自然，整合于大自然，没有任何顾忌。正是这种本真的极具个性化的艺术思维才使得他写出至性至情的不朽文字。这对我们要写出好的文学作品，不是颇有启迪吗？

　　列夫·托尔斯泰说："一切作品要写得好，它就应当……是从作者的心灵里歌唱出来的。"《再别康桥》就是这样的"心灵之歌"。正如巴尔扎克所说，"成功的秘密在于真实"。"真"是最大的艺术。这种"真"并非刻意为之，而是在淋漓尽致的抒写中清水芙蓉般地自然蕴呈。古人

岁月如歌

云"大文弥朴"、"朴"就是"真"的一种体现,"真"是艺术的生命之根。如"悄悄是别离的笙箫","沉默是今晚的康桥",这是十分质朴的吟唱,却达到了很好的修辞效果——它用暗喻的方法,将虚化实,静化动,把无形变有形,无声变有声,真切而生动地凸现出依依惜别的情状和氛围。这两句诗,如果从语言标志"是"看得出修辞技巧,那么,"撑一支长篙,向青草更青处漫溯"的修辞技巧则羚羊挂角,无迹可寻,如巴金所说的"无技巧"了。这里的"无技巧"实是情感表达与技巧高度整合,以至天衣无缝的最高技巧。文论家刘熙载说:"山之精神写不出,以烟霞写之;春之精神写不出,以草木写之。"笔者化用他的说法:至美之境界写不出,以"青草更青处"写之。它那么诱人想象,让人去补充、去丰富……那么,这究竟是什么技巧呢?说白了,是烘托手法的妙用,它给我们渲染了一个多维的审美空间——诗人为了追寻更适情适性的生命境界,"撑一支长篙,向青草更青处漫溯"。"漫溯"一词和紧接着的"满载一船星辉,在星辉斑斓里放歌"写出了在追寻过程中的放旷、潇洒和飘逸,其情其境其氛围之雅致,达到了惊世骇俗的程度。同时,这些绘声绘色的描述使读者脑中的画面不是静止的,而是动态的;不是平面的,而是立体的;不是哑然的,而是有声的。这里的"青草更青处"更有益于人的情性的舒展和生命的洞开,它既是一种自然景况的存在,也是一种想象和瞻望的维度,它被赋予了文化的、诗学的、审美的乃至神性的无比丰富的想象力和绵延性,它妙在以虚写实,省略了写实部分,留下大片空白,造成空灵境界,从而诱发人生无尽的遐思和美的憧憬,构成一个自足的艺术世界。

作为一个天才诗人,徐志摩的创意是丰美而别致的。自古以来的离别,一般都是人与人之间的事,徐志摩却与"云彩"作别,他为何有此如醉如痴的不凡之举?究其原因,笔者认为主要有两点:一是因为他是大自然的崇拜者,与云彩作别,能反映他与大自然的极为亲近融洽,他把自然当成了知心朋友，乃至"庄周梦蝶"似的物我一体了（如"我甘心作一条水草"），这符合他挚爱大自然的思想实际；一是因为该诗所写题材和主题决定的，它是通过歌咏大自然来抒写性灵，表达惜别之情的，所以他把云彩人化，并与之"作别"，就在情理中了。整首诗，感情跌宕有致，如果说诗的中间部分是水乳交融的情感微澜，那么，诗的开篇和结尾则是韵味悠长的心泉的潺湲。开篇说"我轻轻地招手，作别西天的云彩"，结尾照应道"我挥一挥衣袖，不带走一片云彩"。其意象之放旷、潇洒、博大，令人想起张孝祥"尽挹西江，细斟北斗，万象为宾客"的气派，又让人觉得对惜别之情表达得十分新颖。因为它避开了传统的作别时"牵衣顿足"、"泣下沾襟"的悲切与俗套，而抒写了与"云彩"作别的惆怅，如一层淡淡的烟，一缕幽幽的影，含蓄而真切，飘逸而悠长，可谓"以俗为雅，以故为新……此之奇也"。在如烟似影的轻愁中，诗人"悄悄地来"，"轻轻地去"，"不带走一片云彩"，不仅表达了一种无限依恋的情怀，更重要的，还在于造成了对康桥世界的百般珍惜，近乎带有一种虔诚守护的情感和氛围，充分表现了诗人惜别的热情和善良美好的胸襟，也给读者留下了"言有尽而意无穷"的想象空间，达到了余音绕梁的艺术效果。

在《再别康桥》短短的七节诗中，关于大自然的亮丽的词结队而出，每一个意象无不包含着诗人的甜蜜体验，给人以纯粹的美感。它们如同随唤随到的孩子，都眨着水灵灵的大眼睛，极为活脱可爱，手拉手地组成了一个富有生气和绚丽色彩的温馨的诗意盎然的家庭，共同演奏出清新飘逸而又充满离情别绪的小夜曲，引起了读者的强烈共鸣，给人以巨大的审美享受。

这种美的享受，除了该诗固有的内蕴之美外，自然也包括它圆熟的"外形美"和舒徐的"音乐美"。这里谈到了它的"外形美"，更谈到了它的"音乐美"。美育在素质教育中有着不可忽视的地位，因为素质教育的目标是培养全面发展的人，美育本身就是一种素质教育，而"外形美"和"音乐美"的教育都是美育教育的重要组成部分，它们和学习诗文的"内涵美"一样，都是培育人的高雅的审美情趣，优化人的素质的重要途径之一。《再别康桥》可以说是一组凝固的永恒的音乐，它将熏陶着一代又一代的莘莘学子。

正是《再别康桥》具有内容、形式以及音韵的极大感染力，才使它具有强烈的潜移默化的教益作用。教参上说它"表现对个人自由天性的追求，从侧面表现了'五四'以来的时代精神"。笔者认为，这种"追求"和"精神"是我们民族的优良传统，至今仍有倡导和弘扬的必要，因为我们所在的社会是从长达两千余年的封建社会和百多年的半封建半殖民地统治的社会脱胎而来的，残留的旧的印记还明显存在。特别是提倡科学、呼唤民主、改革开放的今天，我们如不继承和发扬优良传统，改革就无法深入，社会就难以进步。随着科学日新月异的发展和交通的发达，世界变得越来越小了，而我们只有一个地球，任何一个国家或地区生态环境的变化，都会波及其他国家和地区，给世界上每一个公民的生活和生存带来影响。因此，人们对大自然的挚爱应该不囿于国界，而应像徐志摩那样国际化。

如今，我们正生活在空前文明的时代，也可以说，我们正生活在一个迷恋技术、放纵欲望、追逐金钱和时尚的时代。唯其如此，我们也正经历着万幸中的不幸——高度发展的物质文明，似乎使人们变得从未有过的躁动不安，真可谓"浇风易渐，淳化难归"。尤其是在生态环境惨遭破坏、沙漠化日趋严重的今天，我们通过《再别康桥》的学习，会被它字里行间充盈着的对大自然的虔诚与挚爱之情所感动，从而陶冶我们的情性，矫治在社会日趋物化、金钱至上的商品时代所造成的人与自己的本性、与自然疏离的弊端，使异化了的人向自身的本真复归，使疏离自然、无视生态环境的人与自然接近并和谐相处（徐志摩已经是与大自然融合，达到了东方哲学中"天人合一"的境界了，今天我们学习他，或能得其境界于万一）。进而保护大自然，珍爱一草一木，达到"一松一竹真朋友，山鸟山花好弟兄"的境界，那么，我们的世界就会真的更美好了。

因此，可以说，《再别康桥》不仅是一首极具魅力的抒情诗，而且是一篇醒世教谕的艺术文献。

岁月如歌

读《守望峡谷》

◇刘正富

当代著名诗人、散文家周涛用"潇洒自如，吞吐八荒"的笔触，以"守望峡谷"的事实，展示出造化存在的巨大错位和悲剧……

云南怒江大峡谷是世界第二大峡谷，仅次于美国科罗拉多大峡谷。大峡谷两岸飞瀑流泉，景色雄奇壮观，动植物资源极为丰富。

作者跨过怒江亚碧罗桥，爬山到了镶嵌在山腰的傈僳族姑娘思蜜纽家。"这时，大美人儿出现了……她衣衫褴褛，身上几乎布满了孩子。手里牵了一个，胸前奶着一个，背后系着一个。但正是这样一个被贫困、落后、蒙昧紧紧围困着的女体上，遮掩不住的光芒，闪射出了美的力量！她很少说话，从她美丽的眼睛里，流露出坦然的安详和端庄。"

那最大的五岁女儿胡蜜花，更是天生丽质，承袭着母亲血统中的美丽和优良。一双新奇黑亮的大眼睛，在昏暗的角落里，闪烁着天真的亮光！家的一贫如洗；悬在空中没有栏杆、下临深渊的木楼；远处更高的山坡上，就势辟出的块块巴掌大的陡坡玉米地，养育着思蜜纽一家的身家性命；生命需要的水呢？在天空云彩的脸色里，在怒江奔流的巨大浪涛中！如此险恶的生存环境，滋生养育着这般的丽质光鲜！

周涛在惊叹一个民族的不寒而栗的生存态势之后，笔锋一转，设想带走胡蜜花后胡蜜花的生活图景："她天分独具……没准儿还是一个时代的奇葩呢!"与"当肥胖的痴呆儿在北京街上撒娇"的鲜明对比,发出长长的一声悲叹:"聪明可爱的胡蜜花正用天真纯洁的眼睛……守望峡谷。她注定将守望一生,面对这空茫寂静的怒江大峡谷!"

更为震撼心灵的呐喊如雷轰顶:"一个更为巨大的峡谷突兀地从心里升起来,巨大而且空洞,岁月的流水也正从一座类似亚碧罗桥的桥下穿过……把此岸与彼岸隔开,望去很近,但总也走不到。""我也在守望着。没有奇迹,并且终生也休想像胡蜜花这样被无关的外人如此热心地关心过命运,哪怕只是假想,哪怕只有半天。"

守望峡谷!自然的美丽资质,在极端险恶的生存环境中,到底守望着什么?改变命运为什么这么艰难而无奈?什么样的生存是有价值的生存?什么样的守望是有意义的守望?一系列的拷问,汇成我们最终的思考:如何消除人世间的一切不平等和错位,使真善美及其价值不被残酷的现实淹没、遗忘或忽略,伪恶丑不再无时无刻地在更为广阔和优越的环境中龌龊地遍布。

岁月如歌

三、多彩人生

　　岁月如歌，人生如酒。从岗位上退下来的教育工作者们，更是一首首经典的歌，一坛坛芳醇浓郁的陈年老酒。他们醉心读书，情致优雅而淡定；他们懂得养生，心态平和而宁静；他们退而不休，事业心和责任感丝毫不减，幸福晚年得到了生动演绎和注解……

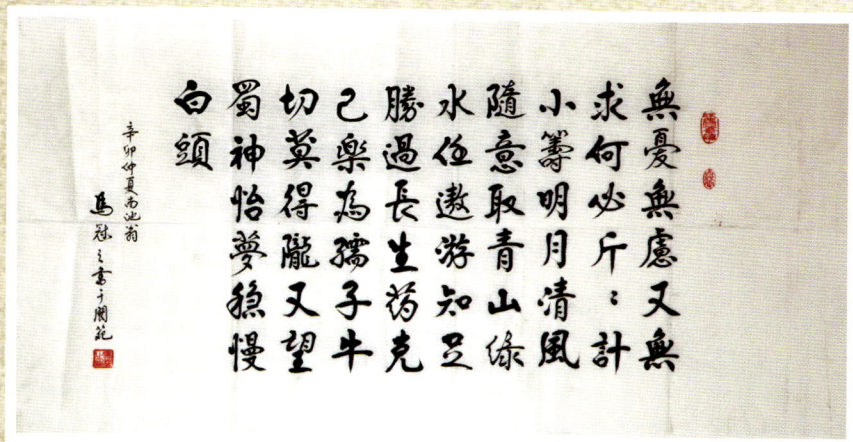

书法　马冠之

岁月如歌

富贵平安　程森贤

话说老有所乐

◇赵云乐

现在一谈起老人问题，常常说五句话：老有所养、老有所医、老有所乐、老有所学、老有所为。我的体会是"老有所乐"更重要，也是最基本的。因为，如果没有"老有所乐"，就缺乏了精神保障，老年人的生活不快乐，整天郁郁寡欢，就会加速肌体的衰老，对健康极为不利。

有个日本人曾写过一本叫《脑内革命》的书，说是人在高兴快乐时，大脑会分泌出一种有益的物质，它能提高人的免疫力与肌体的各种功能；人在忧郁气恼时，大脑就会分泌出一种有毒的物质，对人体危害极大。我们有些老同志，在工作岗位上辛辛苦苦、忙忙碌碌、风风雨雨几十年，一纸退休令下，便告老还乡。"失落感"、"抛弃感"、"衰老感"、"无用感"一齐袭来，于是吃不香，睡不着，看什么都不顺眼，做什么都不顺心。这样过不了几年，便霜染华发，纹上额头，病魔缠身，很快就衰老了。再好的医疗保障，再好的养老制度又有何用呢？当然也就谈不上"老有所学"、"老有所为"了。无怪乎人们常说：高职不如高薪，高薪不如高寿，高寿就必须高兴。所以老年人就要心情快乐，要快乐就要学会找快乐。

那么，快乐到哪里去找呢？如果你能做到知足常乐、苦中作乐、助人为乐和自得其乐，你就会"其乐无穷"。

岁月如歌

...123

首先，要从思想观念上解决问题。过去人们常说，人一生下来，阎王老爷就给你定了岁数，阎王叫你三更死，不得留你到五更。这虽然是迷信里的笑话，但你仔细一想，也有一定的道理，就是叫我们不要"杞人忧天"，成天担心自己老了，离死不远了。我们老年人从心理上不要认为人到六十，就应该告老还乡，养养花、散散步、聊聊天、抱抱孙子，剩下的就是等死了。要知道，在科技突飞猛进的今天，百岁老人不再是寥若晨星，并且，随着时代的进步，科技的发达，医疗保健水平的提高，人的寿命还会进一步延长。世界老人信息中心最新资料表明，全世界老年人平均年龄在八十八岁左右。从六十岁退休后数，还有近三十个春秋等我们筹划和设计，我们大可不必悲伤。我前不久在一本杂志上看到在离退休老干部中流传着这样一首打油诗："六十小弟弟，七十不稀奇，八十满地跑，九十不算老，活到一百岁，风光才正好。"哈哈，乐观些，六十不算老吧。

其二，要有乐观的心态。我退休虽然只有四年，可见到我的人都说："嘿，你硬是比在学校工作时还年青，更精神。"这虽然只是一句顺耳的话，但我确有此感，因为我有一个良好的心态，知足常乐。我虽然没有别人职称高，养老金没别人多，但我总觉得比上不足，比下有余，够了，党和人民没亏待我。在职呢，好好工作；退休后呢，乐观生活。"人事有代谢，往来成古今。"从少年到暮年，这是规律，任何人也抗拒不了；从台上到台下，这也是规律，谁也不能例外。正确的心态应该是：少讲昨天，多看今天，展望明天。有人说："童年时代像春天般温暖，天真活泼，无忧无虑；青年时期像夏天般火热，生机勃勃，充满朝气；中年时代像秋天般美好，硕果累累，丰收在即；而垂暮之年像冬天般寒冷，风烛残年，孤独寂寞。"生命的冬季果真那么令人心悸和悲哀吗？不！只要我们有一种良好的乐观的心态，我们的心就还年轻，我们就可以使生命的冬季依然美丽。在生命的冬季里，我们可以冷静地回首往事，总结自己一生的成败坎坷，作为后代的财富；在生命的冬季里，我们还可以利用这充足的时间，打打太极，学学画画，练练书法，打打门球，让身体充满活力；在生命的冬季里，我们还可以投身到大自然中去，游览祖国的大好河山，充分享受大自然给予的慷慨赐予；在生命的冬季里，我们还可以到孙儿孙女群中玩耍嬉戏，找回童年的乐趣。当然，我们还可以同暮年的伙伴一起发挥余热，为社会尽绵薄之力。总之，只要我们有一种乐观的心态，我们就可以活得有滋有味，生命的冬季也就依然美丽。

其三，要学会积极地保健养生。老有所乐才幸福，但老年人要想老有所乐，还必须善于经营健康，只有身体健康，才能保证老有所乐。退休后，要做到起居有常，饮食有节，忙而有序，张弛有度。我们知道，适当的运动可以改善血液循环，增加血液含氧量，能够促进骨骼的生长，增强骨质密度，改善肌肉的灵活性，改善神经系统的焦虑与紧张，有助于睡眠和促进食欲。有些老年人喜欢散步、放风筝、打太极、练体操、打羽毛球、打门球、打乒乓球等，在锻炼身体的同时也收获了快乐。老年人在饮食方面应讲究清淡，多吃新鲜蔬菜，注意粗粮与细粮的搭配，不吸烟，少饮酒。有了健康就有了快乐，否则，整天抱着药罐子躺在病床上，有何快乐可言？

其四，要学会自寻快乐。老有所乐没有统一的模式、统一的标准，要因人而宜、因人而异，所以老年人要善于自己寻找快乐。有的把看书读报、欣赏音乐当做快乐，有的把种草养花、下棋聊天当做快乐，有的把湖边垂钓、饲养宠物当做快乐，有的把服务他人、从事公益事情当做快乐。被后人尊为万世师表的孔子，奔走各国，但其学说并不为当政者所用，可他授徒讲学，著书立说不改其乐。后人仰慕备至的苏东坡，被皇帝老倌一贬再贬，颠沛流离，辗转各地，但并不妨碍他与高僧谈禅、与名士论诗，泛舟怀古、咏明月的雅兴。张学良在震惊中外的"西安事

岁月如歌

变"后就失去了人身自由，一关就是六十多年，在这漫长的岁月里，他专心研究明史，阅读《圣经》，并在种兰、养兰方面入了迷，自得其乐，成了百岁老人。可见，要想老有所乐就要学会自寻快乐，自得其乐。

春的后面不是秋，不要为年龄而发愁。"但得夕阳无限好，何须惆怅怨黄昏。"只要我们永远保持一种乐观的心态，暮年的生命也会绚丽多姿。

敬畏自然

◇赵云乐

"5·12"大地震后，电视里播出的一座座废墟，遍地的瓦砾，触目惊心的残肢画面，让人感到一阵阵揪心的痛。但看到温家宝总理在第一时间赶到现场，那么多人在千难万险中救人，又多少次情不自禁地掉下热泪。在看电视中有悲痛、有惋惜、有伤感、也有忧郁，但更多的却是感动。年青时代从书本里看到的故事往往让我们觉得那只是一种空洞的宣传，但这段时间我们却是在用自己的眼睛和心灵感受着生命的重量。虽然没有黄继光那样的英勇壮烈，也没有刘胡兰那样的视死如归，但情景却悲情而壮烈，人物却温柔而坚韧。

大自然肆无忌惮地杀虐，大地疯狂地摇撼，让人猛然感到人类的渺小，生命原来如此脆弱。大地震之后，时髦的手机、舒适的房子、昂贵的跑车都显得不重要了，唯有自由、生命才是那么的重要。短短的几十秒、一分钟让许多人失去生命。我们是否还应继续疯狂地、贪婪地追求自己极度膨胀的物欲呢？地震中一个水电站女职工遇到了一位在山上小庙中入定修行的僧人，他对一切仿佛全然不觉，这种置身世外的"入定"虽不完全可取，但对不断追求更高物质生活的我们来说，却是一次灵魂的洗礼。现在已是以人为本的社会，但人是否就是万物的尺度呢？

今天，科技昌明，物质丰裕，但无一不是大自然对我们的恩赐。当我们将自己凌驾于大自然之上的时候，对自然奥妙神秘的感知却越来越迟钝。我们有一批专门观天的官员，还有像阴阳、八卦、易经这些，可我们有些人却把这些传统的文化丢掉了，而这些恰恰讲究的就是人与自然的相互沟通，道法自然要求无为，反对过多的人为干涉。科技极度发达的今天，自然似乎再也不是我们沟通的对象，我们是否过于夜郎自大？当我们看见十万蟾蜍过马路这样的自然现象的时候，是否想到真的就是大自然给我们的警示呢？

　　人类只是自然不经意的一件创造，可惜我们已经不再承认这一点了，淡然了从前对自然的那种敬畏，失去了与自然的沟通和与自然的和谐相处。深邃的蓝天，飘逸的白云，壮阔的大海，优雅的小溪，芬芳的原野，能让我们心旷神怡。大自然生生不息的永恒魅力世世代代滋养着人类的勇敢与聪明才智，自然与人类社会的和谐已成为现代文明进步的迫切要求。当我们在享受今天科技带给我们丰富的物质文化生活的时候，同时应当明白这是大自然赋予我们的一切，只有置身于大自然的怀抱，才能体会到生命的真谛。

钓钩上的快乐

◇张　铨

退休老人各有所好，有的爱好唱歌跳舞，有的爱好栽花养鸟，有的爱好麻将扑克，有的爱好琴棋书画。正因为有种种兴趣爱好，才没有失落感、孤独感，才老有所乐，身心愉悦。

我的最爱是钓鱼。老伴尹显琼的最爱，也是钓鱼。

老伴开始喜欢钓鱼的历史，大概有 30 年了。30 年前，一个周末，我去汤家沟石河堰钓鱼，她在旁边打毛线。一根离我比较远的鱼竿浮漂在动，我叫她提一下。她一提，拉起来一条大黄辣丁，兴奋不已。从此以后，对钓鱼有了兴趣，而且一发不可收拾。

退休以前，每逢周末，我们和几个年轻人起早贪黑，骑自行车跑扶农、奔老土地，劲头十足。退休以后，时间更充裕，每周至少有一两次在水边垂纶。虽然不能够跑远，不能够钓大鱼，但是，在方圆 10 公里范围内，山山水水，河沟堰塘，好多地方都有我们的足迹。

之所以钓鱼人不怕晒不怕风不怕雨不怕渴不怕饿不怕苦不怕累，就是因为钓鱼能让人如痴如迷。在青山绿水之间，一泓清水，一根钓竿，两眼盯漂，凝神屏气，物我两忘，一切烦恼都抛在了九霄云外，唯有宁静的好心情。

钓鱼是钓心情，是钓心动。鱼动漂动，漂动心动。这种心动，充满

岁月如歌

…129

期待、紧张、兴奋、激情，给人的快乐难以用语言描述。钓上了鱼，鱼竿颤动，手感奇妙，妙不可言。特别是钓到大鱼，鱼在水里左冲右突，钓竿如弯弓，钓线嗡嗡响，那种手感令人热血沸腾。有了这种心动，这种手感，吃苦受累又算得了什么。

我和老伴钓鱼，不仅获得了快乐和情趣，还培养了坚忍不拔的意志、持之以恒的耐心、知足常乐的心态，强健了身体。我们都是动过手术的人（老伴是胆囊切除，我是胃大部切除），现在虽然皮肤黑头发白，但没有病痛，腿脚有力，自我感觉良好。去滕王阁背后山顶废弃喷灌池钓鱼，从山脚到山顶，我们一直爬坡40多分钟，也不觉得怎么累。

有的人钓鱼在娱不在鱼，钓鱼不吃鱼。我们是娱、鱼兼顾。钓到的野生鱼不多，但也足够一周美食两三次。鱼肉是最容易消化吸收的优质蛋白质，而且富含磷、钙，多吃有益，何乐不为？

老同事老邻居有谁生了病，送几条鲜鱼去，比珍贵礼品还要珍贵，因为在病人眼里，那是深深的情意。

经常钓鱼，钓技水平不断提高。1996年，南充地区11个县市老年钓鱼协会钓鱼比赛在阆中水上娱乐城举行。尹显琼作为2队队员、唯一的女选手参加了比赛，成为一大亮点。上午手竿下午海竿两场比赛，她钓得鲤鱼46斤，夺得个人冠军。她和廖德智老师组成的阆中二队夺得了团体冠军。获得奖金100元，买了纪念品——一支手竿。2004年我参加了南充老年体协举办的钓鱼比赛，获得团体第四、个人第三的成绩。

有一年5月应老年钓协主席王大禄之邀，我们去南充参加了南充市"老鬼风行杯"钓鱼赛。除了我们三个老年人以外，其他都是年轻人。高手很多，都是竞技钓法。我们的目的不是名次，是感受竞技，开阔眼界，增长见识。5月2日比赛那天，风雨交加，我们真的是经了风雨见了世面。比赛结果，成绩中等，比上不足，比下有余。目的达到，开心一次，潇洒一回。次日，《南充晚报》报道了这次比赛，其中有这样几句话："在众多男选手中，年过七旬的女选手尹显琼成了赛场上一道亮丽风景。尹显琼告诉记者，她和老伴张铨来自阆中，是一对铁杆钓鱼爱好者。"

钓鱼不仅是一种爱好，更是一种艺术，一种科学。

在钓鱼实践中，我喜欢思考，喜欢研究钓技。最近十几年，每次钓鱼都有日记，记录了当时的具体情况和钓技方面的感悟、思考。现在，对钓场、钓位、钓具、钓法、钓饵、调漂、气温变化、气压变化都积累了一些经验而且有一些独到的见解。我还喜欢交流钓技，不仅阅读了很多别人的经验文章，也写文章介绍自己的经验教训、心得体会。从2003年到现在，在全国主要几家钓鱼杂志（《中国钓鱼》《钓鱼》《钓鱼人》《垂钓》《时尚钓鱼》）上发表了130多篇有关钓鱼的文章，大约20万字。我和老伴都是阆中市老年钓协的忠实会员。我们积极参加集体钓鱼活动，经常和钓友切磋交流，谈笑风生，开心快活。为了多搞集体活动，让大家开心，最近几年，我每年从稿费中拿出200元赞助，虽然微薄，也是一片心意。

我们曾经到福建，住在女儿家里。无论在来舟还是在福州，我们都热衷钓鱼，而且在当地结交了一些年轻的钓鱼朋友。他们引路，陪同，搀扶，言传身教，热心帮助。难忘来舟钓友情，难忘福州钓友情。他们的言谈举止永远清晰地留在我们的记忆里。回味钓友情，心里充满甜蜜和温暖。

我和老伴的共同追求是健康和快乐。钓鱼给了我们身心健康，钓鱼给了我们最大快乐。

岁月如歌

劳动伴我度晚年

◇杨朝品

我今年 82 岁，两耳聪，两目尚能穿针，腰腿也还灵便。我生在农村，长在农村，教书在农村，退休后我又回到老家农村。我热爱农村，热心参加农业劳动，退休二十余年来我一直坚持力所能及的劳动。

我每日三餐定时定量，营养跟上，吃食粗粮细粮搭配，油脂二三两，蔬菜水果多吃，饮酒要限量，食盐吃得少，蜂蜜来当糖。我有恒心，有决心，坚持生活规律化，笑口常开，心情舒畅、快快乐乐度时光。

我在房前屋后的空地上开辟了我的劳动基地，可以把我的学习、劳动、休息有机结合，交替进行。我利用这块基地种植蔬菜和水果，每年种的蔬菜有四季豆、豇豆、扁豆、番茄、茄子、苦瓜、姜、蒜、韭菜、苋菜、菠菜等。一年四季不缺菜，不买菜。我种的菜，从不打农药，也不施化肥，全是农家有机肥。这就保证了我吃的是少污染的新鲜绿色蔬菜。

我种的果树有枇杷树、桃树、枣树、椪柑树、葡萄、苹果树、柿子树、柚子树、梨树等。除苹果单株未结果外，其余果树全部挂果。成熟的水果，既新鲜又味美可口，我还利用自产的葡萄自制了葡萄酒。

我每天坚持上午 10 点和下午 3 点各学一小时，其余的时间均用在蔬菜、果树的育种、栽培、施肥、整枝、掰芽、授粉上。我在种管的过程中，思考，观察，动脑筋，想一些办法让各种蔬菜比当地其他人（蔬菜大棚除外）种得早，结实多，产量高。比如种南瓜，当主蔓结出第一个瓜时，摘掉顶尖，待各枝蔓长出瓜时，又摘掉顶尖掰去芽，无瓜的蔓整枝摘去，以免消耗养分，这样可以保证瓜长得快，成功率高，一苗藤可以结出好几个瓜来。

　　丰收的喜悦和劳动的愉快，使我更加感到晚年生活的幸福。我要排除一切干扰，坚定信心，向更高的年龄迈进。

岁月如歌

把健康掌握在自己手中

◇王菊芳

我们的美，优雅从容；我们的笑，亲切和蔼；我们的言谈，真诚谦逊。我们仿佛是山间怒放的蜡梅花，既质朴又吸引人的注意力。因为健康美是最受人青睐的。

我们对自己的健身体会是：每天走一走，吃动两平衡，豁达才快乐。不管是简单或复杂，锻炼重在坚持，坚持就会有效果，这样就把健康掌握在自己的手中。

我们曾有幸结识许多资深的中西医专家，还有很多保健养生方面很有心得的中老年人，对于他们所说的一些经验，再结合自身的实际，总结出来的养生方式就是："顺其自然，该吃就吃，该喝就喝。"每天早上起来后，只要不是下雨天，都要散步一个小时以上。若下雨天，就在阳台上做一套自编的操来活动四肢和腰身。

很多老人年龄一大后，选择的娱乐方式和着装爱好，都趋于"灰色"，这其实是不应该提倡的。《夕阳红》歌曲中有一句歌词叫"最美不过夕阳红，温馨又从容"。夕阳的确很美，所以老年人不应该放弃追求美。有着时代气息的着装，能让自己心态显得更年轻。"老来俏"是一种积极的心理展示，是健康养生的重要方式。

退休之后，社会地位、生活环境等都会发生很大的变化，有些老年人自身很不适应，最终引起诸多的心理问题。我们对此的认识是：年轻人工作压力大，儿女们不是不想回家，确实是工作太忙。我们要充分理解孩子，而且还要能帮点忙就帮点忙，让孩子们有足够的时间工作和学习，少一份挂念和分心，要表现得洒脱一些，糊涂一点，尽量让自己的生活变得丰富多彩一些，可以找朋友聊聊天，吹吹牛，自娱自乐。

总之，只要开放豁达，万事都可了。豁达是一剂良药。

岁月如歌

人生的兴味

◇王菊芳

生活有没有兴味，全在于你有没有给予足够的重视和调剂。

同样一碗方便面中，有人喜欢煎了荷包蛋，再加上青菜，简单的泡面也吃出百般花样；一位同窗老友喜欢把火腿肠细细切了放在面碗里，那种认真细致的劲头，连旁观的人看了，也陡然而生一种生活的兴味。

郑重对待，是一种生活态度，可以让本来局促的场面，变得隆重而珍惜。比如同窗老友的那碗泡面，让人多年后依然念念不忘。一碗泡面尚如此，何况其他？

比如自家的宅院，没有雕梁画栋，没有别墅园林，也能布置出一室温馨：挂几幅喜欢的画作，买满架心爱的图书，喝一杯喜欢的红茶，饮些许微醺的美酒，自家宅院自家乐，从而让人赏心悦目。

喜欢这个地方，不管有多少平方，就在这儿占地为王，每一步空间都让自由的遐想飞翔：亲自拟定它的布局，亲手参与它的装潢，擦亮每一个角落，关心每一个细节，处心积虑要每一处都与众不同，别有情趣。

真正爱上的人会成为爱人，真正爱上的房子就会成为一个温馨的家。

美好之所以来到我们的生活，是因为我们有认真对待它的态度。窗台上的盆栽无人怜惜，盈盈新绿也躲不过枯萎。殷殷相待，梦想也能开花，照亮精彩的未来。

总之，你的时间和心血不会白白浪费，它们一直都在发光发热，因为"能量守恒"。你用了什么样的心，就会开出什么样的花，就会得到什么样的果。

春花秋月灿丽有别，冬去夏来冷热交替，这里面都充满人生的兴味，等待着有心人去拾取。

岁月如歌

漫话生活

◇吴天发

　　"生活"是我们每个人常挂在嘴边的词语，但人要真生活得有滋有味并不容易。我们每个人一辈子都在用自己的双手写画"生活"二字，可是能把自己的生活写画得有声有色的人并不多。有人要问，究竟什么是生活？人生与自然，这就是生活。

　　生活就像一条千回百折的小溪，当你走出家门，走出校门，步入社会开始自己的生活时，青春的脚步踩到的也许是现实与理想的距离；当你走过人群，热情的目光窥见的也许是人心与人心的沟壑；当你走在大街或小巷时，总有一些光怪陆离的迷乱闪烁左右；当你关上房门，四周涌来的也许是刻骨铭心的寂寞。

　　生活就像在大海上航行，不知什么时候会遭遇风暴，不知哪里会涌出代表另一股力量的洋流。如果我们接受这一现实，在某些情况下，顺着风向和洋流，可能绕一些道却也能达到目的，而且在整个过程中，人是放松的，还可保全自己的身心"以柔克刚"。如果一味抗拒，认为最直的路线就是最好的路线，勇气刚毅而坚强，就是人性高贵的证明，那么，在掀着浪打着漩儿的大海上，我们或者牺牲了自己——失败，或者到达目的地时已经精疲力竭——代价巨大。

　　生活犹如一座迷宫，人生充满了变数，再完美的设计，也会时常遭遇不测。当你春风得意，一帆风顺时，你要有危机感；当你苦心经营的一切发生变故时，你要能挺起不弯的脊梁，极力在逆境中求得新的发展机遇。

我们生活在一个竞争激烈的时代，这是一个稍不留神就要落伍的年代，深刻的社会变革，迫使我们思变，变观念、变行为方式。变中有机遇，变为有准备的人提供了一展才华的良机和空间；变中有挑战，变让人不再考虑过去的成就和辉煌，变让人选择素质和能力、信心和勇气。

生活就像天上的云，多彩而又变幻无常。我们要有积极乐观的人生态度，才能感受生活给我们带来的酸甜苦辣。生活并非像我们想象的那样简单。你要想生活得有滋味，就要鼓足勇气，勇敢地前进，不要在省略号的长河中徘徊，不要在顿号的小客栈里沾沾自喜，不要在分号的途中躺下来。生活中有的是无穷的问号，它在等待着我们去探索。记住，千万不要在生活的路上轻易地画上句号。小溪水不会因为路途的崎岖而停止寻找大海，它一定会流过狭隘，穿过无奈，汇入大海的宽广怀抱中。

生活中，你虽然不能决定自己生命的长度，但你可以扩展它的宽度；你不能改变天生的容貌，但你可以时时展现你的笑容；你不能随意控制他人，但你可以好好把握自己；你不能完全预知明天，但你可以充分利用今天；你不能要求事事顺心，但你可以做到事事尽心……

生活是一位公正的法官，他不会宽容和饶恕虚度光阴的懒汉。应懂得，生活的真谛是奋斗，是拼搏，没有脚踏实地的跋涉，一切幻想都是美丽而轻浮的泡沫。

有人说，生活是一杯酒，散发着迷人的醇香；有人说，生活是一本书，蕴含着深刻的哲理；有人说，生活是一首诗，既有许多豪情又有不少无奈；有人说，生活是一首歌，奏着高低不一的旋律；有人说，生活是彩虹，流动着赤橙黄绿蓝青紫；也有人说，生活是五味瓶，装着酸甜

岁月如歌

苦辣咸……我要说，人的生命可以无所谓而来，但不可以无所谓而去。每个人都应合着生活的节拍，迈开人生的脚步，快快追赶，追赶属于自己的生活，做一个勇往直前的开拓者。甘洒一路汗水，争得人生无怨无悔，这才是生活。

读书塑造人生

◇刘正富

对读书和读书人的尊重，是中华民族的优良传统。知书达理也就成了读书人的追求。传诵至今的西汉匡衡凿壁偷光苦读、孟母三迁教子成才等脍炙人口的故事，就是很好的例证。

书山文海，读什么？选择至关重要，这就要看你的方向、兴趣和目的。

读书首先是为了事业，学知识、练技能，说白点也就是要先找到成就事业的本钱。其次，有好奇心，对问题要搞个透彻，这也要从书本去求得解答。霍金对黑洞和宇宙起源的好奇，成就了他《时间简史》的巨著。当然，寻求人生意义，怎样做人，如何安身立命，这就需要在一些经典中去寻找答案了。另外，出于情感、情绪的需求，读一些小说、诗歌或艺术类的书籍，可以滋润心灵，使你的情感更加丰富细腻，内心更充实。

读书是与著述人对话。作者的情怀会让我们的精神更富有色彩，内心更富有新意，让我们品尝更多的人生滋味。回味我的一生，几乎就是踩着书本过来的。小学、中学、上山下乡、恢复高考制度后的专业学习，川大的微机编程及浙丝院的机电专业的进修等，以及求生的工作，无一天不与书本为伴。上山下乡喜读的古典文学作品，如《滕王阁序》、前后《出师表》及唐诗宋词、元曲和明清小说等，是那个时代的禁书。少有难觅的几本书，仅在相知的好友中传看。书的情结和纠纷，还演绎出许多恨爱情仇的人生故事。在上山下乡的日子里，那些少有的几本文学作品曾陪伴我们度过了多少个无聊的早晨和黄昏。最重要的还是在那个郁闷的时代，真话不能说，不敢说。而那些文学作品的字里行间，却尽写着我们人生的不如意和酸辛，引起我们内心强烈的共鸣。

"感时花溅泪，恨别鸟惊心。"随着年华的流逝，生活中的离怨越来越多。生命的诞生和消失，不可抗拒；情感的此消彼长，也不断发生。新朋友来了，一些老朋友因这为那有可能永不相见；种种离愁别恨和悲欢，遍布我们的人生旅程。而这些过往情节，都可以在阅读中感受和升华。

如果我们把读的书比喻成织造的经丝纬线，那一个人的人生就是由这些经丝纬线织就的锦缎。如果我们把书比喻成朋友，那读的书多，朋友也多。这些朋友能给我们更多知识，开阔我们的视野，丰富我们的精神，让我们感悟生命的真谛，给我们解读有意义的人生。

读书吧！让读书成为我们的一种生活方式，成为我们的一种享受和渴望。读自然科学，读社科人文，读文学艺术，在读书中品味生活，在读书中塑造人生。

说"追求"

◇姚福生

　　人活着就意味着追求。每个人都有自己的追求，只不过追求的内容各异。有的人追求事业，有的人追求名利，有的人追求仕途，有的人追求金钱，有的人追求享受。当然，社会提倡的"追求"应该是积极的、正面的、向上的、富于社会效应的……

　　在追求的路上有酸甜苦辣，有是非曲直，有荆棘坎坷，不可贸然行动，必须考虑追求的东西是否符合实际，有无科学道理，即便追求的东西是正确的，也得有缜密的实施计划，否则便是盲目。如果在追求路上盲目贸然行动，会给自身的心灵带来伤害，影响积极性，反而会失去人生的追求，走向悲观失望。

　　追求有易有难，易者通过努力能够实现，难者通过努力甚至加倍努力方可能实现，要把难以实现的追求变成现实，就必须作好长期追求的思想准备，不可急躁，要有耐心和从容之心，要不断修正自己追求的计划和行动，尽可能做到科学合理。

　　追求的路上充满哲理。你追求能实现的，别人追求不一定能实现；别人追求的东西能实现，你追求不一定能实现。人与人之间有差异，什么都一样是不客观的。所以很多事情是不可能攀比的，否则你的心态会失去平衡。世界上只有相对论没有绝对论。追求人生的满足，这种满足

岁月如歌

是相对满足，没有绝对满足；追求事物的完美，这种完美是相对完美，没有绝对完美。评判世界上事物的程度只有"更"而没有"最"，因为事物的发展变化是无止境的。一个人的追求必须客观有度，而不应主观无度，否则你的心态也会失去平衡。有人追求追变了形，由追求变为贪欲，一头栽在了不归路上。

人的生命是短暂的，它不是一条直线，也不是一条射线，而是一条曲折的线段。这条曲折的线段在宇宙中趋近于零，趋近于零的生命必须得到珍惜。生命的结束还要体现出它的价值，体现不出价值，那等于是在玩命。大家都知道，香港武术巨星李小龙，他为了追求自己武术的完美，从追求到执着追求，从执着追求到狂热追求，从狂热追求到疲惫追求，从疲惫追求到玩命追求……结果提前结束了他年轻的生命。他虽然为武术界作出了贡献，但他生命结束得过早，人生更大的价值没有体现出来，他不适当地追求武术完美反而造成遗憾。李小龙对追求完美失去了理智，失去哲理，造成了不应有的损失。

我们每个人对追求要保持一个正确的心态，对满足、完美、享受等愿望人人都想，但一定要实际，要科学，不要成为空想，避免犯错误。我们今天的时代处于历史上最好的时期，物质生活享受应有尽有，绝大多数人已进入小康，精神生活过得也不错，所以我们应该得到满足，生在福中应该知其福。特别是我们老年人是落山的晚霞，晚霞的余晖必定不长，所以，我们应该追求的是有一种健康的心态，有一个健康的身体。

让"追求"二字在每个人身上产生积极向上的作用吧。这样，我们的社会将更多几分和谐稳定，我们的幸福指数将更大提高！

"三心"度晚年，快乐每一天

◇郑国炳

　　夕阳无限好，最美在黄昏。晚年的幸福与快乐是人生最美的时代，可是美好的晚年是建立在健康的基础之上的，有了健康才有幸福，有了健康才能得到快乐。人退休后，常常有一种失落感，情绪低落，整天无精打采，长期这样下去会损害身体健康。因此，必须调整心态，用心去寻找退休人员适宜的生活情趣，以保持身心健康。退休十多年来，我逐渐摸索出，老年人只要有"三心"，就可以乐过生活每一天，从而保持身心健康。

　　所谓"三心"，就是"开心"、"静心"和"善心"。

　　先说"开心"。我们老同志经常挂在嘴边的三句话：高官不如高薪，高薪不如高寿，高寿不如高兴。不攀比、不计较，什么事都想开点，自然少烦恼，这样便能逍逍遥遥过日子。散步江边，悠然聆听河水欢歌；闲坐树下，陶然观看小鸟的追逐；伏案书桌，遨游学海书山。带着欣赏的心情，将生活中的每一件事都赋予诗情画意，生活就会过得很惬意。总之，不悲观厌世、豁达大度，这样轻轻松松潇潇洒洒地度过我们的晚年。

　　再说"静心"。心宁静则身健康。人的一生，命运有好有坏，钱财有多有少，不管怎样，我们都要保持一颗平静的心，不充"英雄汉"，

岁月如歌

不为名利争。要自我消化生活中的烦忧，以平静的心态去面对一切，别生闲气，更不要生怨气，静心安神得高寿，事事知足乐悠悠。

最后是"善心"对待每个人。与人为善，宽厚仁义，遇到别人有困难时，不忘尽力帮一把；遇到别人有不幸时，不忘主动去安慰。对他人不苛求，对生活不挑剔，对世事不怨恨，处处与人为善，用善心去营造友好、和谐、温馨的人际环境，自己也就乐在其中。

总之，老年人身体健康就是为祖国造福，为儿女谋利，为社会分忧，也是自身的最大福气。祝天下所有的老年朋友身体健康，幸福快乐。

修身我见

◇陈天道

一

仅有年轻的容颜，那不是生命旺盛，真正的生命旺盛，是六十岁依然年轻。因此，我——在美丽的孤独、光荣的失败面前，因焦渴而企盼，因追求而忘情地歌唱，化作火焰之舞，越过雨季，把心的微笑留给无悔的岁月。

二

求知与做人宜扬长补短，博采百家。

谗言恶语风吹过，怨言攻讦若等闲。凡事冷静先自省，消除一切个人恩怨，这才是爱人如己。

与人较劲攀比，心态失衡，烦恼丛生。斤斤计较和妒忌是快乐心境的克星。

从完美主义的陷阱里逃脱，去寻找快乐。任何事只要我们努力就可

...147

以了，不要苛求结果。要善于学会为自己的每一点成果而喝彩，知足自信才会充满快乐；不如意时，可以找一种迅速转换烦恼情绪的方式，或睡一大觉，或与朋友聚会，或投入你最喜爱的一项娱乐或运动中……

人生不可能没有低潮，在低潮时不开心也于事无补，与其怨声载道，不如转换思路，尽量找乐，为自己打气。

三

失去也是快乐。

因为失去和获得互为依存。失去青春却获得成熟和人生经验；失去玩耍的时间却获得辛勤劳作的报酬；失去职位却获得难得的休闲……这么一想，你定不会因失去而沉溺于痛苦。

四

不在意别人的目光。

抱定自己的意愿，执着追求，也是快乐。

我们不能活在别人的标准里，要在别人的评判里寻找自我的价值，决不能因别人的看法而扰乱自己的方寸违背自己的心意，要做你真正想做的事，做你真正想做的人，才会达到快乐自由的人生状态，如燕子一样轻盈飞行。

五

修德、修业、励志，立身之本。

思国、思民、思奉献，为人之道。

诵读《道德经》《周易》《大学》《中庸》《论语》《七小经合璧》《黄帝内经》，循"胎婴养虚、幼儿养性，少年养正，青年养德，老年养福"之理，集先贤、哲人于一身，关爱祖国下一代。

岁月如歌

日本旅游散记

◇邓国泰

清晨6时，我与老伴从老大家出发，按时到达北京机场3号航站楼。9时，飞机呼啸升空。

从北京到大阪2900多公里。飞机在云层之上飞行，云海茫茫，蓝天一碧。进入日本海的上空，往下看，一片蓝色的海，航行的大船清晰可见，就连那划过海面的水痕也依稀可辨。一些小岛绿树覆盖，像镶嵌在海面上的绿宝石，十分美丽。飞机经过三个小时的飞行，于北京时间12时，到达大阪关西机场。领队小丁叫我们把手表的时间向前拨一小时，因为北京时间与东京时间正好差一小时。关西机场是从一些海岛上采石过来填海而建成的，是世界上独一无二的海上国际机场。我们一行25人在海关大厅排队候检，履行过关手续。随着步履杂沓的出港人流，到了航站楼门口。接团的导游小姐是一位王姓小姐，祖籍常州，她母亲是中国人，父亲是日本人，她属混血儿，定居日本，在无锡读的大学。初次见面，印象不错，一口流利的普通话，人也漂亮，一见面就落落大方地嘘寒问暖，很快进入了她的导游角色。从机场到市内，沿途可眺望大海。

开车的是一位二十多岁的大阪青年，他将与我们一路同行到东京。进入市内，最先游览的景点是大阪城公园。论风景不怎么样，不过公园内的看点有二：一是古城墙，全由巨石砌成，巨石源自海岛；二是天守阁，据云原为日本江户时代一位著名将军的府衙。整座建筑方塔形，分三阶（层），塔的四面皆为三角形小屋面，天蓝色，错落层叠，十分别致。

随后，又到心斋桥的繁华街观光。大阪是日本的第二大城市、工业和商业中心，高楼大厦很少，有那么几幢，看去犹如鹤立鸡群。房屋大都是二三层的小楼，蜂房水涡，街道偏窄，行道树稀少，但街清道洁。商铺一家挨一家，行人熙来攘往，却很少喧嚣嘈杂。天渐黑，途经一些街道，不见华灯齐放，更不见霓虹灯闪烁，只见一些路灯，亮着昏暗的光，有如朱自清笔下的"瞌睡人的眼，没精打采的"。导游王小姐说，商店是日出而开，日落而关。又说大阪人长于经商，算得精，日本流行一句话："大阪人是拿着算盘过日子的。"入住酒店，我倚窗而望，城内灯光星星点点，若明若暗。

第二天天亮了，街上依然冷冷清清。7点钟，我们下到一楼就餐。自助品种数十个，菜品讲究，自选自用，味道不错。用完餐，离集合还早着呢。于是我独自去宾馆周围转了一圈。街道很整洁，不见纸屑，不见痰迹。街旁栏杆，有的已油漆剥落，但铁管却依然光亮可鉴。8点钟后，街上行人和车辆逐渐多了起来。步履匆忙，不时见日本人点头哈腰，大概是路遇熟人吧。骑自行车的不摇铃铛；开车的，不鸣喇叭；小街十字路口，没有红绿灯，但有斑马线。凡遇车，我们习惯先站住让车走，可这次车里的司机却伸出头来，以手示意，让我先过街，感觉确实不一样。

9时，我们乘车前往神户的西门石，去坐被称之为新干线的高速列车，体验一下高速度。1992年邓小平访日时曾坐新干线列车时说："真快！"新干线是1964年通车的，时速当时是200公里，后为300公里，世界第一。此纪录一直领先到2008年，被我国京津高速列车时速350

公里打破。我们一行人在铁道边标明第 12 节车厢的位置候车。火车飞快驶来，逐渐减速、再减速，第 12 节车厢的门准确地停在候车队伍的第一人面前，乘客依次上车。车内宽敞，干净整洁，铺有地毯。坐在车内，很平稳，噪音小，似乎感觉不到车驰如飞。坐了三站，十分钟，下了车，站在车外，列车一声长鸣，"嗖"的一声，子弹状的车头便射出数百米外。

随后，又坐汽车去明石海峡。站在桥头，凭栏瞭望，蓝天、白云、大海、碧波，浩渺无际，海风送爽，真个是心旷神怡。大桥悬空飞越海峡，令人想起杜牧的名句："长桥卧波，未云何龙？复道行空，不霁何虹？"桥的彼岸，是神户的一座名山。山坡平缓而下，楼群连绵，俨然一座海滨小城。山腰别墅，星罗棋布，导游说，那山腰住的多是富豪人家。

接着，又起程前往京都。汽车飞驰，犹如在树海中穿行一样。青山树涛，果林稻浪，河谷阡陌，村庄小镇，不断扑入视野，又不断地从视野中退去。一路坐车，一路观景，鲜气如泻，感觉特爽。天黑下来了，车抵京都。城内灯光昏暗，好似朦胧的星空。

京都，是日本的古都，也是日本传统文化的中心，是有名的游览胜地。日本国民大约一半信佛教，一半信神道，京都有 100 多座寺庙，最有名的数金阁寺和平安神宫。

这天下起雨来，我们坐车来到金阁寺，撑伞冒雨入寺，一座金碧辉煌的建筑扑入眼帘，它就是被载入世界文化遗产名录的金阁。阁临镜湖池，连倒影也金光四溢。阁分三层：第一层是寝殿建筑样式的法水院，第二层是武士建筑样式的潮音洞，第三层是中国风韵禅宗佛教建筑样式的究竟顶。阁顶用花柏薄板重叠而成。第二三层是在天然漆上再镶嵌纯金的金箔，阁顶立着一只表示吉祥如意的纯金铸成的凤凰。阁借西面衣笠山作远景，气势非凡，富丽而典雅。雨继续下着，游人如织。我们沿着曲径，边走边看，古木森森，流水潺潺，回顾雨中金阁，别有情致。

　　出了金阁寺，又到平安神宫。进得庙内，恰遇日本的一户人家，正在给一个婴孩做满月仪式，当地叫满月祭。我数了数，这家人有十口：四位老人，四位年轻人，一个小孩和一个婴儿。一位神职人员，50多岁，正一边拍照，一边口中念念有词，照完相后，又双手接过婴儿，从头到脚摸了个遍。我真想用相机拍一张，但又不敢贸然行事。

　　汽车朝名古屋方向驶去，目的地是滨松市。路的两旁，山峦起伏，郁郁葱葱。近旁的山坡，树木很密，一簇一簇的树叶翠绿欲滴，与版纳的热带雨林极似。坐车瞭望，满眼都是青山绿水。山峦，河谷，平坝，稻田，果林，如蒙太奇般，交错出现。途中，在一路边店小憩，小店周围，有数座民房，一个加油站。店前两条长凳，侧边一个洗手间，前边并排放着四只不锈钢垃圾桶，每只桶上有图案和文字，提示垃圾要分类投放。虽为乡村小店，却是干干净净，清清爽爽。导游小姐说，日本家庭扔垃圾，比较麻烦，不仅分类，而且分次。周一周三扔废玻璃，周二周四扔废纸，周六扔废塑，周五、周日扔其他生活垃圾。有专门去收集垃圾的车，误时错过了便没地方扔。有些旧物，想扔还得自己掏钱。如欲扔掉一台旧电视机，就得电话通知回收公司，交4000日元，让人拉走。日本人说："垃圾不分类是垃圾，分类就是资源。"此言有理。

　　途经爱知县，只见丰田公司待运的小汽车停了一坪又一坪。一条巨轮停在码头，仓门洞开，小汽车一辆接一辆地开了进去，正装船待运。坐车游览，眼睛很少离开绿树，有树便有鸟，日本乌鸦似乎特别多，我信口开河地说："乌鸦可能是日本的国鸟！"导游小姐道："不是，日本国鸟是雉。"车内的人都笑了。

　　下午5时，到达滨松市滨名湖边的皇家酒店。酒店临湖，绿树环绕，环境优美。我俩的房间在5楼，室内陈设，与前两晚有所不同：无床。我俩坐在阳台上，一边品茶，一边临湖观景。不一会儿，两位女服务员来到房间，取出被褥，移开室内中央的榻榻米，十分麻利地铺就了地铺，然后点头哈腰，微笑离开。

今天的晚饭，是按日本方式用餐。席地而坐，两人一桌，摆了不少碟碟碗碗，一只小火锅，还有生鱼片、芥末。生鱼片我俩吃不惯，还是放到火锅里烫了吃。服务员是两位女士，当她们跪行奉菜至我们面前时，还有些不自在，平生何曾这般让人伺候？

滨松最有名的是温泉，人说："不泡温泉，枉来滨松。"我穿上宾馆为顾客准备的条纹浴衣，类似旧时代的长布衫，无领，左襟压右襟，拴上腰带，穿上拖鞋，然后到温泉浴池去。泉瀑流水，池水荡漾，可游可泡。一边仰躺着养神，一边轻揉四肢，水没至颈，似有漂浮感。泡完澡，疲劳顿消，神清气爽。

昨夜小雨，今晨初晴，天阴阴的，风凉凉的，空气湿润。车一出滨松城，就在山涛树海中奔驰。途中，富士山清晰可见，卓然耸立，奇峰突起。车内的人纷纷拿起相机，我也把镜头对准了它，无奈车速太快，不时被高速路边护栏和高树遮挡，笨手笨脚，始终按不下快门。于是，干脆不照，索性途中休息时再说。此念刚生，说时迟，那时快，流动的云雾不知从何而来，刹那间将全山笼罩。正惋惜间，云雾又很快散去，我抓住机会，拍了两张。有人余兴未尽，还想拍，可云雾又来了。

汽车继续前行，从谷口处，折转爬山，开始进入箱根国家森林公园。远近山峰，像岛屿一样，隐现在虚无缥缈的山岚烟云中。柏油路盘旋而上，两个车行道用醒目的黄线隔开，日本行车是方向盘在车右，行驶走左道。给我们开车的小青年，同车人无不称赞他开得又快又稳。说来也怪，自他开车这几天来，从未见他鸣一次喇叭，他是这样，路遇的所有司机都如此，日本的车好像没装喇叭似的。上山路左弯右旋，又烟雾弥漫，转弯不鸣笛，着实让人担心。有时，一个急转弯，两辆对开的"哑巴车"在转弯处擦肩而过，真让人捏一把汗。

森林公园古木参天，新树玉立，"好鸟相鸣，嘤嘤成韵"。山深林密，喧嚣远避，宛如世外桃源。加之烟岚缥缈，更添了一分幽深，一分朦胧，一分诗意。

我们来到一个叫大涌谷的地方，徒步爬山，随着络绎不绝的游人，拾级而登。游人一路上行，一路下行，交臂而过。离山顶不远处是个缓坡，缓坡上有数处冒着白烟，那是火山口的汤泉蒸气，泉水从池中冒出，外溢顺沟下流，浑浊如石灰水，一股硫黄味刺鼻难闻。不一会儿，流云飘来，顿时云烟弥漫，我俩急急下山去。

芦芝湖，四周皆山。天公不作美，下起了小雨，烟雨朦胧，别有一番情趣。我爬上游船的第三层，想看离湖不远的富士山，但山天一色，不见其影。不过，近处的浅山，烟雨树色，倒也悦目。湖水清澈，船过处，一条浅浅的水痕化为清波涟漪。

下了船，又上车。匆匆而来，匆匆览胜，又匆匆赶路，奔向东京。一路上时雨时阴又时晴，秋阳还不时地露出笑脸。车近东京湾，速度慢了下来，汽车缓缓经过东京湾大桥时，导游问："你们看，这座桥与你们见到的桥有何不同？"大家伸颈而望，也看不出个名堂。她说，这座桥与你们从大阪机场进城过的那座桥一样，表面看与其他的桥没有什么特别之处，然而它俩有一样却是世界上独一无二的，什么呢？就是利用汽车过桥时产生的一种震动来发电，所发之电，恰好能满足桥的日常照明。哈，还真有点小聪明！车在桥上跑，船从桥下过，车来船往，一看就知道是一个非常繁忙的港湾。东京，这座高楼林立的国际大都市，与前几天走过的城市大不相同。后者大都是小楼，又矮又挤，不过所到之处，未见一家窗户装防护栏，明窗净墙，简洁朴素。

到了东京，最繁华的银座是要去的。我们一行到银座（四町）商业街，此地商厦林立，巨贾云集。我除逛商场外，又去免税商店凭护照买了一部松下牌相机，70000 日元，折合人民币 4000 多元，日本的东西，除了家电和小汽车，大都贵得令人咋舌，如吃一碗小面要50～80元人民币。在日本，买东西要交消费税，按商品价格的5%交纳，香烟为30%，所以它的商品，一个标签，两个价格：一个是含税价，一个是不含税价，付钱得按前者。

傍晚时分，导游带我们步行到都厅。都厅，又叫市政大厦。步入大楼第一层，只见方形的大柱撑起的宽阔空间，无墙，犹如公共场所。又见数十个似乞丐的人，用塑料布铺地，或坐或卧，横七竖八，与机关重地极不协调。出于好奇，我问导游："机关重地，怎么能允许他们到此呢？"王小姐说："他们是流浪汉，没有家，没有住处，不到政府那里去住，又到哪里呢？"我默然了。经过安检，我们乘电梯直上第45层，到达环形大厅。凭窗四顾，东西南北尽是灯光楼影，来时经过的东京湾经灯光勾勒，清晰可辨。

第二天上午9时，我们去东京浅草寺。街上汽车和行人远没有北京的多，也没有北京那么挤，正是上班时间，按说这"不正常"，因为东京的人口密度远大于北京，这是怎么回事？导游为此释疑：此时大部分人正在地底下跑，东京地铁发达，有53条之多，纵横成网，出行很方便。哦，原来如此。

到了浅草寺，寺乃木质结构，拱斗飞檐，大殿里供奉的也是释迦牟尼的高大塑像。寺内寺外，游者甚众。钟声悠扬，香烟缭绕。浅草寺是日本著名的古刹，有1700多年的历史，依山而建。寺门口处，置流动水池，供香客求签时用，既来异域，入乡随俗，我俩用有柄的竹筒接水，先洗左手，后洗右手，末了漱口，然后以虔诚之心拜于佛祖像前。至于求签，队伍排得长长的，就不凑那个热闹了。

下午3时，我们去东京迪斯尼乐园。人真多，就像北京地坛庙会一样，热闹非凡。游乐园有四大乐园：一是西部乐园，游客可乘豪华渡轮漫游美国河流，可以坐着木筏到汤姆索耶岛去探险；二是探险乐园，乘探险船沿着神秘的河道，穿梭于原始热带雨林；三是梦幻乐园，坐海盗船穿行于伦敦之夜，坐小飞象遨游太空；四是明日乐园，游客搭乘太空云霄飞车进行星际旅行，飞向梦想中的未来都市等等。我俩毕竟是年过花甲之人，适合老年人的娱乐项目并不多。人老童心在，既来之，总选择一二吧，转来转去，除了看稀奇，就玩了三个：先坐魔鬼车，再坐豪华游轮，再就是骑了木马。

　　汽车夜行，到了成田宾馆。东京的成田机场，飞机起降，一片繁忙。我们登上飞机。飞机轰然起飞，冲破云层，直上碧霄，向北京方向飞去。机舱内，大家心情很好，笑意写在脸上。6点半，飞机降落在北京机场。嗨，得把时间回拨一个小时。哈，北京正在下着大雨，接我们的戳第一句话就问："这趟日本行感觉咋样？"我说："不虚此行！"

江山如此多娇

◇何廷炳

我们乘坐的宇通豪华大客车，在302省道上快速奔驰起来。远山缓缓而退，近树一晃而过，景色迷人。山川田野，村庄院落，乡民劳作，目不暇接。没过多少时间，剑阁老城已在山脚下。我有些激动：剑山之阁啊！千百年来你身居要塞，铸造雄关，保护巴蜀人民安居乐业；今天，你又无私奉献旅游资源，继续造福子孙后代……遐想之际，梓潼七曲大庙便呈现在我的眼前。

七曲山风光秀丽，地处"三百里程十万树"的皇柏大道翠云廊南端，这里景区总面积约3万亩，有全国罕见的纯古柏树2万余株，野生动物30余种。元、明、清三代建筑气势恢弘，宫殿巍峨。下临九曲潼江，玉带环绕，朝晖夕阳，灵光四溢，形成天下奇观。剑阆剑绵公路穿山而过，再也不是"蜀道难，难于上青天了"。七曲大庙据说是文昌帝君发祥地，自古称"文昌帝乡"，是全国重点文物保护单位，更是休闲度假的洞天福地。络绎不绝的海内外游人前来观光朝圣。停车已近一个小时，我们的游兴有增无减。

过梓潼县城，穿绵阳市区，越成绵高速公路，车子如飞似箭，一个时辰就抵达成都。短暂停留后又转成乐高速公路，不到两个小时就到达川南重镇乐山市。下榻乌尤山"仙岛宾馆"，有宾至如归之感。家乡至乐山相隔千里，过去坐车要两天多时间，且多次转车颠簸劳累。而今有了高速公路，一天内轻松到达，真可谓一路顺风。

乐山素有"东方佛都"之称，乐山看佛是这次观光旅游的一道"主菜"。次日大早，同伴们尚在梦乡，我已领略了乌尤山、凌云山的大致景观。早餐后，乘游艇来到三江汇，先从江面上看两佛（坐佛和睡佛）。船从东岸向西岸缓进，刚过江心不久，导游小姐便招呼大家"快看睡佛！"我们的视线全都集中到东边山峰，不晓得"睡佛"在哪里，导游指点迷津："睡佛由几座山相连而成，乌尤山为头，凌云山为主体再和龟城山相连，巧妙地构成巨型睡佛的剪影，只有在江心偏西的恰当位置才能看到……"原来如此！我们目不转睛地盯着东边。睡佛出现了——山势勾勒出了睡佛的大致轮廓。随着游艇的前行，乌尤山逐渐伸长，乌尤、凌云两山连接处山势低矮一些，刚好是"睡佛"的项颈，一尊安详的巨型"睡佛"，活脱脱呈现在眼前。我们欢呼雀跃，赞不绝口，特别是"睡佛"的头发、眉睫、鼻梁、嘴唇清晰可见，眉目清秀，慈祥稳重，体态匀称。乐山坐像大佛呢，正居心脏部位，真是人类与大自然的绝妙结合，蕴含着"心即是佛，佛即是心，真如其来"的佛学哲理，又道出了"月印千江，非有非无"的禅机。

游船继续前行。接近西岸又折向东南而去。坐像大佛在凌云山绿树环抱的山凹处迎面出现。船由远及近，佛像越来越大，越来越清晰。船停在大佛脚下，我请摄像师留下了难忘的一瞬。

乐山大佛高71米，开凿于713年，历经90年始成，是世界上最大的石刻弥勒佛坐像。濒临岷江、青衣江、大渡河汇合处，面对峨眉三峰，背依凌云九顶，与中国历史文化名城乐山市隔江相望。戈壁舟曾作诗："山是一尊佛，佛是一座山，带领群山来，挺立大江边。"便是其真实写照。

大佛已历经1200余年，长期的日晒、夜露、雨淋、风化，使其日渐苍老。经过多次维修，特别是新中国成立后人民政府重视文物保护，几次拨专款，成立专家组抢救、整修，现在大佛既保持了原形，又披上了新装，经现代科技美容美化，大佛返老还童，更加栩栩如生，神采奕奕，端庄慈祥，令人感叹。

乐山大佛啊！你是祖国文化的瑰宝，华夏儿女智慧的结晶，人类历史的丰碑，中华民族的骄傲。

告别乐山，驱车峨眉。穿峨眉山市区，越"天下名山"大牌坊，便到达峨眉山报国寺。报国寺门前是一片开阔地，苍松翠柏，古木参天，荫翳蔽日。寺门气宇轩昂，成八字展开，开朗稳健。"报国寺"三个金黄大字，十分耀眼。果然名不虚传，真不失古刹风范。凤凰堡上高悬巨型紫铜钟，重12.5吨，有"巴蜀钟王"之称。铜钟腹大壁厚，声音洪亮悠扬，深夜叩击，峨眉山之巅亦能闻之。

初览峨眉第一胜，我大开眼界，心胸豁然，小家子气荡然无存。

从五显岗徒步行走游清音阁，又是一番情趣。路道弯弯，清泉溪流。石桥、索桥才隐又现，溪左溪右交替而行。万籁俱静，偶有蝉鸣。树木葱茏，满眼青翠，太阳偷偷地从树枝叶缝中偶尔透进一缕光线，斑驳陆离很难和行人打个照面。峭壁栈道，让人胆寒。才上又下，两胫颤颤。山路漫长，曲径通幽。游人行走，看似吃苦受罪，实则享受。我似乎明白了清音阁不修车路的初衷。

走了一个多小时，我们精力不济，步子缓慢。仿佛入峨眉山腹地，大有与世隔绝之感。正山穷水尽，又柳暗花明。我放眼望去，哟！真是一个好去处：两股溪水飞泻而下，中间巨石上一座有六只飞檐翘角、雕梁画栋的小亭，游人堆积如山。近瞧右边石壁上写有草书红字"双桥清音"。我们疲劳顿消，精神陡增，忙于览胜和留影。"牛心亭"下有水潭，山高谷深，黑白二水从两旁似瀑布飞下，其声激昂。亭台、楼阁、松树和溪流组成一幅声图并茂的秀丽画卷，使得我们都成画中人了。

继续览胜。中巴车在崎岖的盘山公路上转来绕去地爬行，我沉浸在观山望景之中，几乎忘掉了一切。"车在山中行，人在画中游"，仿佛进入"太虚幻境"。车窗外，一片绿的海洋，绿得使人心醉，安静得如同午夜，凉风拂面，裹着浓烈的树叶清香沁人心脾。我贪婪地将头伸出窗外，大口大口地呼吸峨眉仙气，顿觉浑身清爽，心旷神怡。

从雷洞坪上金顶，要先走3里坡路再到接引殿，或继续步行，或坐索道缆车。从接引殿到金顶还有10多里险峻坡路，已是下午6时许，索道停车，天又下起了小雨，人们面露难色。与管理处联系，好说歹说，同意增开一趟缆车。女士及老弱有病者挤入缆车上山，男士们以步当车挑战金顶，勇攀高峰。

步行上金顶实乃不易。首先是接引殿后面的一段石级梯路便给了我一个下马威。山势笔陡像爬云梯，不多久，便大汗如雨，气喘吁吁。我们几位长者都上气不接下气，小伙子们也强不了多少。此时此刻，前行艰难，后退不行。进退维谷之时，我吼起了川剧唱腔："卧薪尝胆，秦二百关终属楚；破釜沉舟，三千越甲可吞吴。"伙伴们被我感染了，一个接一个附和着"世上无难事，只要肯登攀"，"会当凌绝顶，一览众山小"。于是我们放快了脚步，发起了冲锋。金顶在望，我们赢了。我那6岁小孙和"熊猫"脸蛋通红，眉飞色舞，欢蹦乱跳，毫无倦意，引起人们啧啧称道："英雄出少年"！

当晚，我们夜宿金顶，等待日出。此刻，山下暑热难当，山上恰似数九寒天，冷气袭人，而且天气多变，一时雾，一时风，一时雨，一时晴，交替变换。我一天内度过了冬夏两个迥然相反的季节，真是不可多得的人生奇遇，终生难忘。

凌晨，我们像部队紧急集合一样迅速跑到宾馆外面平地上，等候观看日出。东方欲晓，莫道君行早，更有早行人。几百米的平坝、斜坡、梯坎上，全都站满了人，后面还有不少人继续拥来。啊！看日出的人可真不少。有中国人，也有外国人。白皮肤、黑皮肤、黄头发、蓝眼睛、高鼻梁，男的，女的。有七八十岁的白发老人，也有两三岁牙牙学语的孩童……黑压压一大片。

"金顶日出"并不是每天都可以见到，那就要碰运气了。人们焦急地等待着，我心里也在祈祷，希望今天有好运。

凛冽的寒风呼呼地吹着。站着的人们纷纷蹲下了身子，有的相互拥抱，有的三五个挤成一团，有的走来踱去。我不经意地发现，有几个老外还穿着单衣单裤，好像没有一点寒意，我打心眼里佩服。再回头一看，呀！敬小兵两爷子身穿短衣、短裤，还是昨天在山下的那身打扮，凛然于寒风之中，凝视着东方，纹丝不动。我急忙走到他们身边，一把把小"熊猫"拉到我的大衣下。小家伙却刚直地说："我不冷。我要看日出。这样会挡着我的眼睛。"我又一次被他们父子俩的坚强与勇敢所折服。我默默地祝愿红日早点出现。

天公不作美。大风起兮，大雾漂移，四周一片雾的海洋。我们像被泼了一瓢冷水，垂头丧气。老天又雪上加霜，稀稀疏疏地飘起了小雨。游客们沮丧了。我抬腕看表，才6点过几分。有人说："不要走，还有可能看到日出，再等一等。"渐渐地，风小了，大雾慢慢退却，天空由灰暗逐渐明朗发红。我们欢呼跳跃起来，全神贯注望着东方。霎时，一个红点在东方云际出现，红点增大，渐成弓形，徐徐上升，终于，一轮红日喷薄而起。顷刻，朝霞满天，峨眉山变成了金色世界。

人们抢着合影，想留住红日，留住时间，留住历史。我也赶紧给老伴和孙子摄下了一张，让其成为我们不虚此行的永恒纪念。

踏雪牛家山

"忽如一夜春风来，千树万树梨花开。"

下雪了。这是 2008 年的第一场雪。不！这也是久违多年魂牵梦萦的白色精灵。我们曾经在冬天里思念着真正意义上的冬天，终于在新年的钟声刚刚敲响，它就不期而至。无声无息，却又如洪钟大吕，仿佛文人笔下之波涛，将军手上之千军。

暖冬不暖。雪花漫天飞舞，舞出了冬的分外妖娆，也舞出了冬的素雅本色。大雪从黄夜一直下到中午，还没有见停的迹象。纷纷扬扬，飘飘洒洒，醅醅畅畅，浩浩渺渺，飘落在嘉陵金沙，覆盖在锦屏白塔，积淀在城区的高楼大厦、老街幽巷，郊外的青堂瓦舍、小桥流水……

古城乡间，一如雪国。如诗如画，如痴如醉，如梦如幻，朦胧而皎洁，幽邃而浑厚，纯粹而无瑕，晶莹而剔透，肃穆而庄严，素雅而静美，缥缈而空灵。似来自天国的祝福，瑞雪兆丰年；又像颤动的音符，弹奏着春天的乐章。

到乡下去走走，赏雪观景又何如？

对！踏雪牛家山，再回我插队落户 7 年的第二故乡。天马行空，独往独来，我又一次当起了独行侠。

六合皆佳景，四野是画图。踏着厚厚的积雪，走进冰冷的世界，远

岁
月
如
歌

离了城市的喧嚣，看不到如织的人流，没有了使人发呕的油烟味儿。漫天皆白，银装素裹，时间似乎凝固了。躯体在洗礼，灵魂在升华，思想也一尘不染，一切都属于我自己。萧然乎山石草木之间，悠然自得，宛如脱笼之鹄。

走在皑皑的雪野之中，高山，峡谷，农舍，池塘，树木，庄稼……"柔梢披风，皆有喜气"。"江山如此多娇"啊！

经久照亭，上观星台，过锯山垭，转北岩寺，到今日蟠龙村的牛家山。我郁闷的心又一次被震撼了，格外的开朗和愉悦。不见了往日的茅草房，星罗棋布的是形状各异的小洋楼。村社公路蜿蜒曲折，飘逸在牛家山的七沟八梁一面坡上。当年我们亲手修建的大寨田、山平塘和红星水库，波色乍明，鳞浪层层，"晶晶然如镜之新开而冷光之乍出于匣也"。

越往山里行，积雪越厚重，踩上去咯吱咯吱地响。在大蟠龙山和伞盖山之间的"豪梁"上，赫然一座洋楼拔地而起，泛着银光，散着寒气，玉立霄汉，遥指苍穹。那是新建的村委会，兼牛家山"超市"、蟠龙村"农家乐"。

时令已交大寒，零下好几度的气温。可"豪梁"上分明洋溢着融融的春意。村委会里，笑语声喧，热烈似火。是在慨叹这几十年不遇的大雪，还是在讨论如何落实十七大的精神？是在怀念当年省地县"农业学大寨"先进典型的辉煌，还是在重新描画建设牛家山社会主义新农村的宏伟蓝图？我不忍心打扰他们，默默地转身离开，朝我当年住过的"旧居"走去。不料一位满头银发、精神矍铄的老大妈提着一筐新鲜蔬菜迎面而来。

"这不是陈老师吗？咋舍得回来看看？……"

我凝视了半天，才认出是老队长娘子牛妈。我激动得接过牛妈手中的菜篮子，眼眶里蠕动着热乎乎的泪花，任由思绪驰骋……

三十多年前，也是一个"雪花开六出，冰珠映九光"的腊月天。我教完村小，顾不上弄饭吃，到窖坑里拣了半背红苕，装了一桶酸菜，回城去。在雪地中行走，冰清玉洁，眼前美妙的雪景叫人流连，脚下难走的毛狗子路又令人害怕。雪深冰滑，负重而行，提心吊胆，步步留神。或许是粉雕玉琢的风光分散了注意力，一脚踩空，我连人带背篼摔倒在牛妈的屋后边，红苕滚得到处都是，桶也碰坏了，脚脖子崴得我龇牙咧嘴。响声惊动了牛妈，看见是我摔倒在雪地里，忙不迭地扶我起来，抖落我身上的积雪，心疼地揉搓我的双脚。蓦地，一声婴儿的啼哭划破雪野寂静，报告着一个新的生命来到这银白的世界。

　　"生了，生了。谢天谢地，终于生了！"牛妈近乎疯狂地把我"拖"到前头院坝，端出一碗热气腾腾的红糖鸡蛋，硬逼着我喝下；"陈老师，你可是我们孙娃儿的逢生人和救命人呐，我们全家都该感谢你哟！"

　　原来，牛妈的媳妇难产，把一家人都急慌了，赤脚医生正安排往县医院转哩。我这一摔跤，倒成了"逢生"之人，使婴儿化险为夷。

　　"逢生"，是川东北地区的民间风俗习惯。乡民们认为，婴儿呱呱坠地，会听到各种天籁之音。而只有人的声音，才像黎明破晓的第一缕曙光，把婴儿从混沌世界中唤醒，真正地隶属于人类。谁要是最早让母婴听到亲属以外的人的声音，谁就与孩子有着前世的宿缘，理所当然地成为婴儿的"逢生"之人，人生的引路者。尤其是有文化有学养的人，更会赋予婴儿与其相似的行为和习惯，禀性和气质，让孩子的长亲引以为荣，三生有幸。在老乡们的心目中，老师当然是神圣的，有一个教书先生"逢生"，那更是前世修来的福气……

　　牛家山，留下了我数不清的昔日梦。

　　如絮的飞雪，飘落的是神，凝聚的是韵，书写的是骨，蕴含的却是博大精深的哲理。如果说，绿色是生命，洁白则是灵魂。做人就是要向往纯洁，追求执着，塑造卓越。

岁月如歌

"牛妈，这些年您还好吧？小孙孙呢？"

"唉，还在村委会开会哩。去年村社合并，他被乡亲们推选为支部书记兼村主任，成了大忙人啰！"牛妈快人快语，几个哈哈，还是掩藏不住内心的自豪和喜悦。

老人家告诉我，小孙孙高中毕业后，到西藏当了汽车兵。转业时，用复员费闯荡广州，跑起了运输，挣了一大笔钱。回到老家，报效桑梓，服务乡亲，在这"豪梁"上搞起了"超市"、"农家乐"，供北上南下东来西往的村民们打尖歇脚，喝茶聊天，对弈甩牌。"这不，当了村官，又变成了村委会的议事厅……"

白色的精灵还在自由自在地飞舞，树开银花，路铺柳絮。牛家山的雪，没有污染而净洁，因为寒冷而厚重。我读懂了它的内涵，看到了它的本质，感受到了雪国的雄浑。

踏雪牛家山，寒冷而静穆，纯洁而美丽，宁静而潇洒，温柔而空灵，路滑而快意。在雪的歌唱里，我领略了上苍的馈赠。在这雪野之下，有种子在萌动，有根须在吸收。一条条阡陌小路，连着田坎，连着农舍，连着村落，连着炊烟，也连着农民的心。充满希望，弥散活力，满是幻想……

瑞雪兆丰年。它有着甘甜的乳汁和殷红的血液，有着孔武的勇力和灿烂的色彩。而我的眼前，是无边的绿叶在摇曳，是姹紫嫣红的春光；是金黄的麦穗黄灿的稻谷在成熟，是天高云淡的秋色；是多姿多彩的社会主义新农村……

繁华的小保宁

◇李华林

　　初夏的早晨，略带一丝凉意。我沿着崎岖的山间小路来到了巍巍的九节岭上，春花未尽，香味四溢，偶有黄莺婉转，轻风拂面，吹得松针擦肩飘落。放眼俯瞰千佛古镇全貌，心旷神怡。近看座座高楼拔地而起，来往车辆川流不息；远看缕缕炊烟从绿树掩映的民房中袅袅升起。在镇广播站播放的优美音乐声中，人们开始了一天的繁忙。蜿蜒曲折的构溪河仿佛一条绿色丝带，从构溪乡经乐安观大桥、红卫大桥，黄泥包一桥、二桥将千佛勾勒成一个半岛弧形，酷似阆中保宁。怪不得，小时候就听到有人称千佛是"小保宁"。

　　千佛镇地理位置独特，地处巴中、仪陇、苍溪交界处，山清水秀，得巴山神韵。千佛岩的石窟雕刻艺术历史源远流长，是珍贵的文化遗产，有着十分重要的文物价值、宗教价值和旅游价值。

　　2005年，千佛镇党委书记陈涌泉着力进行小城镇建设，积极招商引资。颇具经济头脑的千佛籍开发商杨正生、周泽林看准了商机，投资817.4万元在一片废墟上建起千佛场首幢建筑面积达8174平方米的商贸大楼，从此解决了几百年来均未连通新市街的老大难问题，一条宽阔的商贸步行街展现在人们的眼前，什么"孙二娘酒店"、"果城书屋"、"时尚服饰"、"风味小吃"、"宏燕衣舍"、"夜间桌球"等经营门市应运而生，家家生意红红火火，街道从早到晚热闹非凡，成了千佛场镇最繁华的地带。每逢当场天，人流如织，摩肩接踵，来自四面八方的商贩在这里叫卖。2009年，千佛镇党委书记杨杰对千佛场镇一片狼藉的旧市场进行了彻底的综合治理。千佛镇居民岳峰、赵玉琼夫妇深谋远虑，看到市场的发展空间，他们投资150多万元开发建成了功能较为完善的"玉峰农贸市场"，硬化地面3000多平方米，修建市场出入口4条道路1000多平方米，建钢结构大棚1000多平方米，修建市场门面房1000多平方米，拥有鲜肉、蔬菜、干杂等各类商品交易固定摊位近200个。同时，还设立了专门的水产交易区、家禽交易宰杀区以及"返乡农民工创业园区"等。个体摊点如雨后春笋般地星罗棋布，遍及市场每个角落。从此，千佛以路带市、出入口危险、无公共厕所的露天旧市场的"老牛破车"局面便不复存在了。市场一片繁荣，商品琳琅满目，各种农副产品上千种，看得人眼花缭乱，成交额上千万元。各种小摊贩的叫卖声不绝于耳，无处不展示着市场的繁荣、小镇的繁华。

近几年来，周边乡镇人士都慕名而来千佛场郊买地建房，不到两年，在一片不毛之地上建成了一条宽阔的"千金街"。座座高楼平地起，新建门市达300多个。村民们纷纷住进了小洋楼，用上了天然气，看起了四十二英寸平板电视，还有不少人用上了电脑，买了小轿车，过上了和城里人一样的都市生活。经千金街沿黄泥包一桥和千佛镇实验幼儿园，就来到了广安籍开发商熊代模投资1000多万元修建的小保宁广场和祥和苑小区。广场地面由大理石、花岗石铺成，栽的是名贵风景树，安的是广场景观灯。闲暇时节，人们总要来到这里聊天、拍照。

往事如烟，东风化雨。上世纪80年代通电后，千佛场街道一直未安装路灯。近几年来，政府在大街小巷、桥梁两边都安上了造型美观的路灯。每天傍晚时分，街道上人头攒动，人们总要漫步徜徉在政府投资300多万元修建的风景如画的滨江路上，透过株株绿树，华灯斑驳的光辉不时洒在人们的脸上，拂面的微风时而轻掠起人们的发丝。此时此刻，人们怡然自得，逍遥自在，无不陶醉在"小保宁"的优美环境中。

岁月如歌

四、育才有道

老子云："道非道，非常道。"育人之道，在于实践，在于探索，在于提炼。在那清苦而平凡的教育岁月里，他们全心从教，潜心钻研，为人生、为我们积淀了十分宝贵的经验和方法，我们不仅要在学习中接纳传承，更要在创新中不懈地探索完善。

书法　陈时荣

夏　刘和林

哲学基本概念教学初探

◇王大春

　　哲学是各门具体科学的概括和总结。哲学中关于基本概念的定义，逻辑性强，结构严谨，高度抽象，难懂难记。概念是原理的构件，概念不清则原理不明。因此，哲学教学如何讲清基本概念，乃是一个十分重要的研究课题。总结多年高中和中师教学实践，自觉讲授哲学概念应注意以下几点。

一、把握中心词

　　许多哲学概念的定义都有"S 是 M 的 P"的结构形式。如"哲学是关于世界观的学问"。其中"哲学"是定义主项，可用"S"表示；"是"是定义联项，"世界观的学问"是定义谓项，可用"M 的 P"表示。上例谓项中"学问"（P）是中心词，而"世界观"（M）则起说明和限制中心词"学问"（P）的作用。这个结构如果舍去"世界观"（M），则变成"S 是 P"，即"哲学是学问"。讲授这类概念首先就要让学生掌握"S 是 P"这个化简了的结构式，且理解和记住中心词"P"，否则就无从理解概念。考试时"P"也会变成一个问号，即不知哲学是"学问"。既不知哲学是学问，自然就更谈不上是什么样的学问，即"M"就无从联想起来。

推而广之，讲"物质"概念首先要让学生明确它是一种"客观实在"，讲"运动"首先让学生明确它是"变化和过程"；讲"规律"要让学生明确它是指一种"联系"；而"质"和"量"则是一种"规定性"。理解和记住这些中心词，整个概念的理解就有了思维的根。

同时，上述中心词都是经过经典作家或专家学者们"吟安一个字，捻断数茎须"的发生思考的，一般不可移易，否则就会失去概念表达的科学性和准确性。

二、抓住关键词

考试概念，学生常有这样的情况，出考室自以为是，沾沾自喜，结果得分很低还不服气。究其原因，常常是忽视了结构式中"M"部分某些关键词语，使中心词"P"缺乏必要的说明和限制，因而不能科学、准确地表述概念。诸如把"世界观"简单解释为"对世界的看法"，把"规律"简单解释为"事物经常出现的联系"，把"质变"解释为"事物性质的变化"……产生这种现象，与教师讲概念不重视对"M"部分关键词语的分析阐述有关。

什么是关键词？下边试通过举例加以说明。

在"世界观是人们对整个世界的总的看法和根本观点"这个"世界观"的定义中，"整个"、"总的"和"根本"三个词就是关键词，是不可缺少的。"整个"说明这里所说的"世界"是无所不包的，它指"三大领域"及其各个部分；"总的"和"根本"分别说明"看法"和"观点"应有的高度，即是最全面、最深刻的看法和观点。倘使舍弃这三个词，使之成为"世界观是人们对世界的看法和观点"，这样表述就不成其为世界观，而仅仅是一般的"看法"和"观点"了。

"规律是事物运动过程中本身固有的、本质的、必然的联系。"这里"固有"、"本质"和"必然"就必须加以强调和解释。"固有"说明"联系"是过程自身本来就有的，而不是外力强加的，或人们主观认为的，这就与唯心主义划清了界限；而"本质"则表示这种"联系"是实质性的；"必然"则表示这种联系不是偶然的巧合的，而是确定不移的。这又与形而上学的观点划清了界限。由此可见，这三个词绝非可有可无。

三、分清层次

　　哲学概念的定义只含一层意思的情况是很少的，多数都有两层以上的意思。比如"矛盾"的概念是这样表述的："矛盾是事物内部对立着的两个方面之间的相互依赖又相互排斥的关系，即对立统一。"简言之，"矛盾"是一种"关系"，具体讲则可分三层意思来让学生理解。第一层意思是说"事物内部对立着的两个方面之间"才有矛盾可言，即指出发生"关系"的对象。既言"关系"，必有"事物"，且有"双方"，否则就唯心了。而且双方必须在一个统一体中，即"事物内部"，否则，天各一方何言"关系"？第二层意思是表述"关系"自身的内容，即什么样的关系。这是主要的一层，教者必须联系实例讲清"相互依赖又相互排斥"中的"又"字，突出哲学矛盾概念的特点。第三层是对矛盾概念进行高度的概括——矛盾即对立统一，告诉学生矛盾规律又称对立统一规律。这样讲，层次清楚，主次分明，学生易于全面掌握。

　　又如"运动"，"运动是物质存在的方式，是物质的根本属性，它包括宇宙间的一切变化和过程"。这个概念可分两层意思来理解：第一层是前两个分句。其中的"方式"和"属性"都在于说明运动的主体是什么，即既不是主观精神，也非绝对观念，而是"物质"，是"物质存在的方式"。同时说明运动的原因在于物质的内部，是"物质的根本属

岁月如歌

性",而不由任何外力推动。这样讲不仅与唯心主义和形而上学划清了界限，而且有利于后面讲运动和物质的关系的原理。第二层即最后一句，这是运动概念的中心内容，这一层要突出"一切"加以讲解（详后）。所谓"一切变化和过程"较难理解，因而在记忆中常遗忘这一层意思，当然也有背下后一层意思而忽略前一层意思的一知半解的事情发生，这都说明分层次讲解是十分必要的。

四、比较对照

无比较即无鉴别。通过比较辨出异同，明确各自的特点，可强化记忆，防止互相混同。哲学中有两类概念的比较。

一类是完全对立的概念间的比较。如唯物主义和唯心主义、辩证法和形而上学、真理和谬误、新事物和旧事物、辩证否定和形而上学的否定等。这类概念互相对立，通过比较，能使学生明其"正"知其反，触类旁通，减少记忆量。对比的方法可列表，也可上下对应板书。如，辩证的否定和形而上学的否定（见附表）。

感性认识和理性认识虽不是对立概念，但内容互相对应，亦可归入此类，可用上下对应板书加以比较对照，从而说明两种认识的区别，又能讲清它们的联系。

另一类是哲学概念同称谓相同的非哲学概念的比较。如"哲学"同"人生哲学"，哲学概念的"物质"同物理、化学中的"物体、物质"；哲学中的"运动"同体育运动和原子分子运动等。这类概念的比较，为的是使学生明确哲学概念是最高层次的概念，因为哲学是各门具体科学知识的结晶，因此不能把哲学概念降格混同为具体科学概念和日常用语。比较的方式主要是口头讲述。

比如讲哲学中的"运动"，就要使学生的思维摆脱单纯物体位移的狭小区间，明确两个运动概念的关系是前者包含后者，后者只是前者的一种表现。欲达此目的，必须着力解清"一切变化和过程"，并在"一切"一词上多下工夫。所谓"一切"，是指一切事物量的变化和质的变化，一切自然过程和一切社会过程。总之，从简单的位置变动，到复杂的人类思维，都是物质运动的表现。这样讲，学生才可能把两种运动概念区分开来，从而达到全面深刻理解哲学中"运动"概念的目的。

附表：

"辩证的否定"和"形而上学的否定"的对比

内容 概念名称　　　　比较	是否承认事物内部包含肯定与否定的矛盾	是否承认否定是质变，是发展的环节	是否承认否定是联系的环节，是"扬弃"
辩证否定	承认	承认	承认
形而上学否定	否认	肯定一切，否定发展	否定一切，割裂联系

……175

心得点滴

◇罗光远

　　余致力语文教学四十多年，经历无数艰辛的跋涉，也领略过成功的甘醇。本欲撰写成册，无奈"帕金森"缠扰，力不从心，只从点滴心得略述一二，以期大家斧正。

一、习字教学是语文教学不可或缺的组成部分，必须认真施教

　　中国文字——汉字，与世界各国文字不同特点在于：一是汉字是由点、横、竖、撇、捺等基本笔画构成。学写汉字，必须从基本笔画入手，写独体字和合成字，进而掌握汉字结构和笔顺规律；汉字不仅是语音符号和形体单位，同时，绝大多数汉字还是意义单位，多数字同时也是词。从掌握汉字结构和语音入手，进而可以理解基本意义。因此，传统语文教学很重视习字教学，要求达到"四会"：写、读、讲、用。所以受传统语文教学的老一辈知识分子，不但字写得好，文章也写得不错。并且很少有人写错字。

　　因此，我在数十年的语文教学中，一以贯之，严格要求训练学生书写，一笔一画，必须规范、工整，不准潦草马虎，并且在语文课中开设习字课，列入课表，组织施教，就是高中仍然如此。而且要求学生每天

练写一篇大字，两三天一篇小字，雷打不动。我亲自批阅、评讲。

由于我严格组织书写训练，学生书写能力都较其他同级学生强，书写工整，字迹清晰，而且也推动了对语文范文的学习和祖国语言文字的掌握。

顺便说一句，语文教师必须具备一定的文字学知识，而且要有较过硬的软、硬笔书写功底，俗话说，"师高弟子强"、"师严道真"。

二、"读书"是学习的方式和门径

"读书"的"读"从"言"，言从口出，因此，读书，必须是"明声朗诵"，是谓朗读。默读次之。书声琅琅是学校独有的特征。而今天，变"读书"为"看书"，学校不闻读书声，"书声琅琅"只能偶尔从书本上看到。

放手锤炼学生的朗读基本功，提高学生的朗读能力，让学生读名家名篇，熟读成诵，从反复吟哦中领会名家撰文构思之巧，遣词造句之妙，从而心领神会，读懂范文。此之谓"书读百遍，其义自见"。

朗读，是全方位、大运动量的智力活动。目、耳、口、舌、心，一起运动。文字入于目，达于心，出于口，闻于耳，印于脑。这有利于增强记忆、理解、消化和吸收，培养和提高学生鉴赏名篇佳作的能力。

读书必须动笔。圈、点、勾、画、批注，学生通过自己动手、动眼、动嘴、动脑，把一篇范文读懂。教师作指点，解难释疑。朗读可分为正确朗读、流利朗读、表情朗读和创造性朗读四个层次，由低到高，循序渐进，让学生逐步掌握朗读的技能和技巧。

岁月如歌

三、语文课文的教是为了不教

语文课文是教师用来指导学生练文的例子。这是教师处理课文与学生、语文教学与作文教学的关系的钥匙。

明白了课文不过是例子，教学目的就明确了。就是教学生向名家学习作文。这就把作文和学课文拴在一起了。几十年的语文教学中，我把作文教学紧紧结合在一起，让学生作文心中有蓝图，有榜样。同时让学生从语文课内外积累词汇（填词汇手册）和作文素材（写日记）。要求写真话和心里话，记真事、抒真情。因此，我教的班级，学生的作文普遍好于其他同级学生。而且有的学生向报纸杂志投稿，并且中选。

教师指导学生练文，教师本身必须对各类文体均有一手过硬写作基本功，有时可以与学生写同题目的下水文，或拟一组题目，与学生共同讨论不同的开头、结尾、选材、布局。既可以活跃课堂气氛，又可启迪学生的思维、拓宽他们的思路。

四、学生"乐学"，源自教师"乐教"

从孔子的"知之者，不如好之者，好之者，不如乐之者"的名言中我领悟到：爱好固然重要，也很可贵，但还不是最高境界。要"乐此不疲"才可百折不回，不畏艰难困苦，勇往直前。教学必须使学生爱好学习，勤奋努力，以学为乐，体味到书中自有乐趣。要使学生"乐学"，教师必须"乐教"。

我为学生的健康成长和德、智、体的全面发展呕心沥血，为教学大胆革新，高效优质而孜孜以求，不遗余力；为使教育、教学的目标圆满实现而废寝忘食。我接手的河溪中学 80 级 1 班比水观、洪山两中学当年录取的新生人均总分低二三十分，与城区、老观、柏垭等中学录取的新生人均总分差距更大。而"人生能有几回搏"，我决心拼此一搏，发誓要改写河溪中学高教升学率全县之末的历史。我放弃星期天休息，放弃节假日休息，放弃寒暑假休息，七百个日日夜夜，不要一分报酬，把学生初中阶段的缺漏补了起来，又完成高中阶段的教学任务。高考预选、考试，全班除廖洲沛一人落选外，其余全部上线，何素芬还考了全县第一。高考成绩揭晓，全班 15 人上大专录取线，其中 6 人考取了重点大学。真是皇天不负苦心人。

五、因材施教是教学的生命

教学应随着时间、空间和对象的变化相应有所变化，"因材施教"是孔子的教学思想，很有生命力。为了使自己能适应不同情况的班级和学生，我采取两不用：不用旧教案，不用教参。我根据变化了的情况和学生实际，重新钻研教材，重新设计教学。做到教材常钻常新，力求有新的发现和体会。课堂教学要常教常新。那种集体备课写同一个教案的绵阳"经验"，是开孔夫子的玩笑，置"因材施教"于不顾，大概是应试教育的经典杰作吧。

岁月如歌

浅论音乐以"美"育人的功能

◇杨　朴

　　教育学和心理学的研究证明：教育的效力在于启发诱导学生有意识地去努力从事某种活动，调动他们的积极性、主动性，让内因起作用，而不是抑制他们被动地去接受某些东西。教育只是外部条件，学生发展的根本原因在于他本身生理、心理的内部矛盾斗争，这是身心发展的动力。教育工作的成效往往就取决于学生对这一过程的参与和积极态度，取决于教育在多大程度上促进和指导他的内部活动，通过内因，促其发展。而通过内因促其发展，最好的办法是进行愉快教育，寓教于乐，寓教于美；以美感人，以美动人，激发兴趣，产生强烈的追求知识的欲望，追求能使他们感到满足的事物的推动力。这就是为他们学好这门学科打开了大门，创造了良好的内因条件。反之，如果学生不感兴趣，关闭了这门学科求知的大门，再好的东西都会被拒之门外的。

　　音乐教学能否取得成效也不例外，必须遵循这个规律——培养学习兴趣。这是学好音乐的关键。

　　音乐，作为一种声音艺术，由于它所运用的物质材料——声音，不像语言、文字那样具有明确的语义性，因此难以表现具体的概念、思想。又由于它是依靠听觉来感受的，是一种听觉艺术，必须包括听觉的全部心理过程：了解声音、听觉、听觉感受和听觉表象、实质。从感性认识进入到音乐的审美意识的全过程，才能理解。因此，学习音乐不是轻而易举能学好的。但音乐最长于抒发情感，它有直接触动人心的美的音响；它是通过演奏、演唱，为人们所感知而产生艺术审美效果的。因此，它特别具有以美感人、以美动人的特点。因此，在进行音乐教学时，最宜于抓住它的特点，采用寓教于乐、寓教于美、以"美"育人的方法。

以"美"育人的目的在于影响人们整个精神世界。这影响既不是通过硬性灌输，更不是强迫接受，而是通过环境的熏陶、艺术的感染形成的，是通过心灵感化而获得的。以"美"育人一定要给人以真正深刻的美的感受，既有情感体验的愉快，又有理性追求的满足。归纳起来，我认为可以从以下几个方面寓教于乐培养和发展学生学习音乐的兴趣：

一、通过对音乐要素的认识和音乐作品的欣赏受到感染激发兴趣

音乐要素的认识——直感欣赏。（这更适合于学习音乐的初级阶段的小学生、师范新生）

1. 音响美。可展示不同的乐器并发出音响，突出音乐要素之一的音色美。产生对乐音和乐器的兴趣。如，二胡的柔美，笛子的悠扬、明亮，琵琶的清脆，小提琴的华美，小号的明亮、辉煌，大提琴的浑厚……可在一部电子琴上弹出钢琴、长笛、双簧管、吉他、圆号以及空旷的原野音、神秘的幽灵模拟音等美妙难言的音响，触及听觉，激发对美妙音响的兴趣。

2. 节奏美。节奏是重要的音乐要素，是旋律的骨骼，节奏在特殊的情况下，可单独存在，且富有很强的表现力。可用架子鼓的组合优势击奏出波尔卡、华尔兹、摇流滚、迪斯科等群众喜闻乐见的节奏，让学生认识节奏。可找几人表演秧歌锣鼓的打法，龙灯锣鼓的打法（当地的锣鼓打法表演）。也可借助电教手段播放录像"陕西胜利腰鼓"、"山西威风锣鼓"，展示民族打击乐器的绚丽多彩；以及节奏乐曲能表现出的

……181

热烈、欢快、宏大、粗犷的情绪和震撼人心的激情，显示出节奏美。

3. 旋律美。让学生听一些通俗易懂、旋律性强、风格突出的短小精品，让他们一领作品的风采。如《喜洋洋》的热烈、欢快，《洪湖水浪打浪》的抒情优美，《保卫黄河》的气势磅礴，《小草》的清新、淡雅……领略旋律美的情趣，产生对音乐旋律美的热爱。

音乐作品的欣赏——情感美的感受。

音乐是情感艺术，在感情领域里音乐不仅胜过文字，而且比其他任何艺术都更能直接更有力地抒发感情，表现情感。柴可夫斯基说"人们的全部情感，都可以用交响乐表现出来"就是这个道理。好的音乐作品，都是作曲家对当时生活思考的产物，凝结着人类优秀的思想、智慧、高尚的道德感情。人们在欣赏音乐的同时，也同时接触到作曲家的伟大的心灵、深刻的思想，感受到他所倾吐的一切，潜移默化地被不知不觉地陶冶着性情、雕铸着灵魂。

欣赏贝多芬的《第五交响曲》，就不可能不被他音乐中表达的英雄主义、乐观精神和宣扬自由、平等、博爱的思想所打动。当我们唱《义勇军进行曲》《黄河大合唱》，一定会被歌曲高昂的抗日情绪所激动。当我们欣赏琵琶独奏曲《十面埋伏》时，楚汉两军短兵相接、古战场刀枪剑戟、拼力厮杀的激烈战斗的意境，会在我们的脑海中出现。当我们欣赏《春江花月夜》时，乐曲描绘的"春"、"花"、"江"、"月"的充满诗情画意的祖国锦绣河山的美景使我们陶醉。当我们欣赏二胡独奏曲《江河水》时，不能不被悲怨的琴声所表达的旧社会—妇女面对滔滔的江水，悲痛欲绝，控诉苦难生活，有苦无处诉、有冤无处伸的哭泣声所感动……音乐的情感美、无穷的魅力，必将使人受到心灵的感化，而产生对音乐的热爱和兴趣。

二、通过参与音乐实践活动受到熏陶感染提高兴趣

人的兴趣不是天生的，而是在后天的生活过程中不断通过培养和教

育形成发展起来的，是通过实践活动而形成发展的。毛主席说："要变别梨子的滋味，就必须亲口尝一尝。"如果尝得味美，就必然会产生对梨的需求和喜爱。组织学生参加各种音乐实践活动，如练声组、合唱队、鼓号队、器乐学习小组，新歌教唱、卡拉 OK 演唱、歌手赛、文艺演出等等。让他们直接参加到音乐的实践活动中，在老师的指导下，通过实地感受，学习，耳濡目染，动脑动手，得到一些成功的情绪体验，逐渐产生兴趣。这是先入为主，干中学，培养学生学习音乐的一种好办法。

三、以新颖的教学内容和方法让学生明确学习音乐的目的意义

进一步理解音乐，从而激发学生的求知需要，产生强烈的学习责任感，激发强烈的学习愿望。可通过以下几方面进行：

1. 古今中外名人对音乐的高度评价，如，中国古代伟大的思想家、教育家孔子所教的"六艺"——礼、乐、射、御、书、数，把"乐"放在第二位。他说："移风易俗，莫善于乐。"孟子说："仁言不如仁声入人深也。"荀子认为音乐可以"正身行、广教化、美风俗"。古罗马的哲人贺拉修斯把"寓教于乐"当做艺术的法则。列宁认为"音乐是对人们进行教育的有力工具"。这些名人对音乐的高度评价概括了音乐服务于人的社会功能。通过这样的介绍使学生认识学习音乐的社会意义，把学习音乐与今后服务于社会联系起来，从而激发起求知需要，提高学习的积极性和自觉性。

2. 通过举办音乐史、音乐知识讲座，办音乐小报，讲音乐故事，介绍音乐名家、名曲，做音乐游戏等多渠道、多形式激发、提高学生学习音乐的兴趣。如讲："编钟趣谈"、"五线谱"与"简谱"、"张良洞箫一曲散楚兵"、"音乐神童莫扎特"、"贝多芬'扼住命运的咽喉'"、"冼星海在巴黎"、"'耳朵先生'——聂耳与《金蛇狂舞》"、"贺渌汀与《牧童短笛》"……

岁月如歌

3. 以音乐发展的广阔前景吸引学生对音乐的兴趣。音乐除了可以满足人们精神的要求，给人以美的享受，发挥它古老的"三大作用"外，随着科学、技术的进步，人类又发现了它还有许多具体的特殊的作用，这就是音乐的特异功能。音乐的特异功能显示出音乐发展的广阔前景，它将为人类作出更大的贡献。音乐的特异功能，诸如治病、对动植物生长发育的促进和抑制作用（听音乐可使鸡多生蛋，狂暴的狗熊听音乐能安静下来，给植物听音乐可使其丰收）等。音乐在现实生活中的应用还有音乐钟表、音乐书籍、音乐足球、声光控制等等。音乐表现出的多功能都将给人以极强的吸引力，唤起对热爱自然学科的同学也重视和爱好音乐。

总之，由于音乐是美育的重要手段，它在美育诸手段中具有强有力的感染力，有无穷的乐趣。因此，我们在教学上应充分发挥它所具有的特点和作用，以"美"促"趣"（兴趣），寓教于乐，寓教于美，以美感人，以美动人，叩开学生学习音乐的大门，创造好的学习音乐的内因条件。这样不仅在培养音乐专门人才方面发挥很大的作用，更为重要的是为建设社会主义精神文明，造就为适应时代发展、具有完整知识结构的创造型、审美型的一代新人发挥更大的作用。

素质教育必须重视个性发展

——一个博士生成长的启示

◇杨　朴

我收到一封来自深圳国际信托公司的来信。写信者是信托公司副总经理，金融博士，我前些年当班主任时班上的一位学生。

打开信，看到那熟悉的笔迹，我脑海中立刻浮现出了他明晰的形象：瘦小的身材、宽宽的额头、清癯白净的瓜子脸，戴着一副中度近视的眼镜，总是带着腼腆的微笑。

他算是我十几年班主任生涯中的一个不"安分"的学生。他高考因几分之差落第后改考入师范。他聪明、反应快，各科成绩均为上等，有条件，有能力争入前三名的行列。但他并不热心追求高分，似乎中上成绩也就心安理得了！然而，课余时间，他的生活领域格外广阔，喜欢文学、音乐，有时还写点诗歌、散文，对报纸杂志上的一些知识竞赛尤感兴趣。喜欢钻研一些深难的数学题，有时一个人在解题时喜形于色，甚至手舞足蹈。师范未开英语课，但他每天坚持学习英语。一些同学说他"专业思想不巩固"。有的老师也对我说他"不务正业"，"好高骛远"。这些言论我没表示赞同，但也并不反对。室长多次反映他每天晚上不按时就寝。师范最后一学期开学不久，他在过道的路灯下演算数学题，甚至有时半夜起床披上衣服又到巷道路灯下演题直到天亮，早饭后又接着上课。看到他瘦小的瓜子脸，下巴越来越尖，两眼深陷，面色苍白，除了炯炯有神的两个眼球在镜片下灵活地转动，从外表看，确实像一个身患重病的人。通过观察了解，同学的反映属实。我和他作了坦诚的交谈。他向我道出"天机"——正在攻解世界数学难题"费尔赫猜想"。对于一个全世界数学家都毕生执着攻坚至今未解的难题，我深信对于他这样仅具高中数学水平的学生来说，从掌握数学知识的深度和广度来衡量，是一个难以承担的课题。我劝他放弃这样大的课题从基础学起，留待以后攻坚。但他已入这一"魔境"不可自拔。为了他的身体健康，为了不影响他的正课学习，帮他走出困境，我向学校数学组求援，请两位组长论证他的解题是否正确，然后以内行的身份说服他收手，两位老师认真地研究他的解法，认为他的解法缺乏论证基础，是行不通的。但他并不认输。他说两位老师的解法是陈旧的，他说他发明了一个"原动论"，按"原动论"的论证方法去解就成立了。他决心继续下去，决不半途而废。

两周后，他到我家向我请假说要回家治病。我知道是他的心病，回家看病是假，希望得到更多的时间解题是真。我和他谈心，坦诚地对他说，有什么困难需要我帮忙的我尽力帮忙。他对我说出了真话："杨老师，题已解完，就是需要一个完整的时间整理、清誊，然后投交中国科学院数学研究所，了结了这件事后才能安下心来学习，养养身体，为毕业考试作准备，否则我不得安宁的……"

他真切的话语，期待的目光，深深地打动了我的心。看到他憔悴的面容，闪亮的眼睛，内心油然产生了对他的爱怜、同情和敬意。多有个性的学生呀！追求知识，追求真理，强烈的探索、进取精神是多么的难能可贵啊！这样的学生是"不务正业"的学生?！什么是"正业"呢？为了尽快解除他的心病，我让他挑选班上数学成绩好，他信赖的两位同学帮助誊清手稿；每天晚上，我给他们打开我们教研室，打开日光灯，让他们有个好的工作环境。通过四个晚上的连续作战，完成了整理、清誊的全部工作，直到他亲自把稿子封好投交邮局，他的心才平静下来。

我同意了他一周的假，叫他回家好好检查一下身体，治治病。果不其然，由于劳累过度，没有得到好的休息，他得了胸膜炎，幸好是初期，住了二十天院才返校。在病床上，他给我写了一封长信，说到了我对他的理解、支持、及时给他提供条件，解除了他的困扰，挽救了他的身体，否则，后果不堪设想……他同时谈到，他对师范所开课程的不满和对学生管理的死板，以及一些同学、老师对他的误解……

就是这样一个学生，师范毕业后，由于工作的需要，他并未担任师范所学的课程的教学，而是解了学校急需英语教师的燃眉之急，担任了英语教学，教得很好。在工作中他仍然坚持函授大专，以后大胆报考研究生。终于，成了湘潭大学经济宏观管理专业的一位研究生。毕业后调到成都某金融部门担任领导工作。优越的工作条件和丰厚的待遇他并不满足，仍坚持学习，不断进取，在全国金融系统三十多名竞争两名博士研究生的角逐中又取得了成功，成为首批新中国金融界自己培养的博士。

这是我几十年教学生涯中担任班主任亲身经历的一件事情。这个学生的成才之路使我受到深刻的教育和启发：一个人的成功，教育上对他健康个性的发展支持是何等的重要！如果我当时采取"管、卡、压"的方法（这正是应试教育下管理学生的合理方法），使他"就范"成为一个所谓的"安分守己"的"好"学生，他的最可贵的个性——坚忍不拔的进取精神就可能断送在我的手里，那将是多么可怕的事情！他的成才使我深感教师只有热爱学生，用爱作为沟通师生关系的桥梁，使学生"亲其师，信其道"，才能点燃学生智慧的火焰，增强战胜困难的决心。爱学生要随时掌握学生的思想脉搏，尊重学生的人格，尊重他们的兴趣、爱好和特长的选择，关心学生生活，促使学生健康个性的发展，才不误人子弟。素质教育是全面发展和个性发展和谐统一的现代教育。它以提高全体学生基本素质为根本目的，尊重学生的主体性和主动精神，注意开发人的智慧潜能，注重形成人的健全人格。因此，个性发展是素质教育必不可少的组成部分。人的不同爱好、追求，形成了一个人的个性特征。一个人健康的个性，受到尊重和爱护，受到鼓励和培养，将得以全面发展，有所成就，甚至创造出奇迹。牛顿不为一个苹果落地着迷而探求，就不可能发现万有引力定律。陈景润不对抽象的"数字"产生浓厚的兴趣，手不释卷，专注到了头碰电杆的痴迷程度就不可能摘取"哥德巴赫猜想"这颗数学皇冠上的宝石。有个性的人，才是一个真正的"主体"，才能作为一个独立的个体而存在。如果一个人的健康个性发展受到限制，压抑或打击，他的主观能动性，创造性和天赋、潜质将难以发挥，成不了材。因此个性的发展与全面素质的发展是并不矛盾的，健康个性的发展是全面素质重要组成部分。教师必须破除"应试教育"模式下的旧观念、旧思想，树立多层次、多规格的人才观，树立起"开放式"的教学思想，才能积极有效地推进素质教育的实施。

早在 1985 年，中共中央关于教育体制改革决定就指出教育改革的根本目的是"提高全民族素质，多出人才，出好人才"，教改课题确定为"全面培养，发展个性"。作为教育工作者，我们应充分认识和理解这一决定。21 世纪需要多规格、多层次的人才，因此教育教学不能用一个标准去要求学生，用一个模子去塑造学生。既要给学生打下全面发展的素质基础，又要注意发展个性特点，研究个性，培养健康个性，给学生创造自我表现的机会，发展他们的个性，使学生既符合社会主义社会对人的共性要求，又具有自身的个性特点。只有研究和了解学生的个性差异，针对学生心理的不同特点因材施教，才能取得良好的教育效果，才能培养出全面发展的高素质人才。因此，实施素质教育必须重视个性发展。

授之以 "渔" 而非 "鱼"

——谈学生自主学习能力的教养

◇张　源

　　课堂教学应面向全体学生，全面提高学生作为综合型人才应具备的基本素质为根本目的，以培养创新精神和实践能力为重点，教学过程应以激发学生学习兴趣，跃跃欲试的学习情绪为起点，以充分体现学生的主体地位，以学生的主动学习为核心，以多样化的师生共同活动，和谐的教学氛围为载体，以学生获得的学习成就感和愉快情绪作为不断强化的学习动机。这样，便能促进学生从"被动学"转化为"愿学—乐学—会学—创造性学"。

　　传统的应试教育，目光始终定格在知识上，只重结果，而忽视学习过程，忽视了学习方法的传授。某种程度上压抑了学生的创造性。古人云："授人以鱼只供饭之需……而授人以渔，终生受用不尽。"因此，教师在学生参与学习活动时，应注重学生自主学习能力的培养和加强对学生学习方法的指导。

　　把握好学生思维的起点，激发学生强烈的求知欲。任何新知识教学，总是在学生原有的基础上进行的。因此，教师要善于从新知识相关联的旧知识中，捕捉学生认知的固着点，把握新旧知识的连接点，提出寓思考性、启发性较强的问题，以激发学生探究新知识的兴趣。

岁月如歌

引导学生思维方向，让学生科学地思维。教师在创设问题情境时，要注意引导学生思维方向，提出的问题要富于启发性、层次性。既要利于激活学生思维，又要注意使学生学会顺向、逆向和多向思维。

教给学生思维方法，培养学生的思维能力。在教学中，教师要逐步教给学生观察、比较、分析综合、抽象、概括等思维方法。从某种意义上讲，人们发现有关知识的过程，是一个凭借自己直观先提出某种猜想，再进行实验验证，从而揭示某种问题有关规律的过程。因而培养学生向教师质疑，是课堂教学的一个重要方面。因此，在学生参与学习的活动时，教师要鼓励学生对某一类问题进行大胆的猜想和质疑，促进学生自主学习。

人的心灵并非一块纯净的白板，在这上面可以经过线和点描绘出最美丽的图画，更准确地说是人类的心灵是一部自主的决策机和警觉的环境扫描器。教师要引导学生把注意力集中到正确的方向上，即向学生提出明确的奋斗目标。在我国，自孔子以来，历代学者都把"立志"作为学习的必要条件。所立之"志"，就是奋斗目标，有了这种目标，学生就会把主要精力集中到学习上，减少其他活动，主动性也才能充分发挥出来。美国教育心理学家苏泊尔就明确指出："动机与学习之间的关系是典型的相辅相成的关系，绝非一种单向性关系。"动机相当于目标。可见，目标的重要。在阅读教学中，重点要培养学生的阅读情趣、理解能力、审美愉悦、高洁品格等。例如，欣赏诗歌必须定位于词美、句美、形象美、意识美、风格美等。美是审美主体和审美客体在阅读品味中的统一，美同时又是内容和形式的统一。在审美过程中，审美客体，具有真实性、储蓄性、新颖性、延伸性，审美主体要求感悟的客观性、准确性、独创性，二者融合，便能产生艺术性审美享受。一切形式技巧的运用都是为了造成心理的距离，创造审美的情境，使作家的思维能在审美形式的掩蔽下，潜移默化地渗透到读者的心灵中去，让读者感受情境中渗透的无穷美。有了这一目标，学生仔细琢磨，就能较充分、完整、准确地理解诗美。没有明确目标，学生就会无从着手，甚至茫然。巴尔扎克说过："真正懂得诗的人会把诗句中只透露一点点的东西拿到自己心中去发展。"有了这种明确的目标，诗中的一点点的东西将按照自己的这种意识发扬光大。因为意识是一种理性力量，具有控制人欲望和冲动的作用。

　　当然，有了目标，并非就能去不懈追求。有时停留于形式，有时停留于口头上，或者一时冲动，或者半途而废，或者一曝十寒，而不能在日常学习中贯彻始终，这就需要对学生自主性学习的意志加以培养。人的自主性是人的自我能动性的表现，如果缺乏意志，自主性也就成了空谈。马克思主义认为：意志的特征是具体有自觉目的的，而目的的形成依赖于认识，没有认识过程，就没有意志行动。人的认识越正确，其意志行为成功的可能性就越大。可见，首先要提高学生的认识。使学生的认识朝健康的、正确的、理想的方向发展是必要的，而且是非常必要。所以要宏观导向、总体要求，时时以目标相激励，以美好的前景相激励。其次是微观诱导、具体落实。学生的知识无穷性决定了学生学习知识的无限性，这种无限性的知识要求学生在学习上具有持久性，要有一定的意志能力。比如：诗歌意蕴的领悟，它不是单一的知识的显现，而是各种知识的综合，仅从一种途径去理解，难免失之偏颇，且不精透。需要从不同角度去感悟诗词带给我们的启示、愉悦和美感。而且不同的诗又有不同的意蕴。它就需要多方面作一些细致的探索、深入的理会、形象的分析。有的东西一时不可能有较深的感受，有的理趣、神韵不可能一时通晓，这也需要长期去琢磨，经常去玩味，广泛去联想，清醒去比照。知识在日积月累中自然而然增多，神韵在长期酝酿中明白。正所谓"积土成山，风雨生焉"。没有这种坚韧、持久的品质和意志，什么事情都会不了了之，其结果也就可想而知。那么，要想获取更多的知识，并且把它们联系起来，形成新的理解问题和解决问题的切入点，没有意志是不可能的。所以诗词中讲炼字、讲遣词、讲过脉、讲摇曳、讲跌宕——种种章法。术语概念要具体落实，不能停留于表面，这需要长期坚持，即意志磨炼，同时，学习的过程是一个艰辛的过程，但也是一个不断发展深入的过程，要敢于创新，敢于从失败中求生存、求发展。这也需要毅力。可见，自主性学习需要对学生意志的培养。

当然，学生的自主性学习还需要有足够的信心，要有广泛的涉猎，要有循序渐进的态度等等。只有这样，才能让学生充分发挥主观能动性，掌握更多的知识，提高自己的学习能力，实现"愿学—乐学—会学—创造性地学"之飞跃。

课前讲演五分钟

◇赵旭昌

语文教学的目的很多，但中心的目的归根结底就是一句话：培养和提高学生的读、写、听、说能力。这四个方面相辅相成，缺一不可。在日常生活中，一个正常的人任何一天不可能不用嘴来表达自己的思想感情，就这个意义上讲，口头表达能力的培养尤为重要。学生在校是如此，将来投身社会更是如此。

我们常常会发现这种情况：一个学生在试卷上、作文本上显示的成绩也许是不错的，但在课堂上从来不爱发言，一回答问题就面红耳赤，结结巴巴，甚至两股战栗，额头出汗；在人群中口讷少言，不善交际。这样的学生即使"满腹经纶"，投身社会也是"茶壶里煮汤圆——有嘴倒（道）不出"。那么，我常想，这能说我们语文教师完成了教学任务了吗？做出肯定的回答是很难的。

但是，我们现行的语文教学方式，恰恰只注重了"读"、"写"的训练，忽视了"说"的能力的培养。许多语文教学工作者也早就发现了这个弊病，却又苦于没有补救的办法。加强课堂提问是一法，开展讲演比赛是一法——但终究是杯水车薪，无补于大事。

我在教学实践过程中，试行了在每节语文课前轮流让一个学生上讲台讲演的办法，实践证明，的确切实可行。

其具体做法是：

规定讲演的顺序和时间。我规定以座号为次序，依次轮转，教师一到堂，讲演者就自觉上台。这样既避免了教师堂堂安排的麻烦，又使学生不会临堂推诿，并且提前有所准备。时间以 3～5 分钟为宜，这样既使学生不会草草敷衍，也不至于会长篇大论耽搁授课时间。

规定讲演内容。我规定材料的选择由讲演者自定。只要内容健康就行，不论诗词歌赋、名人轶事、故事寓言……也不论是评议时事，贬扬班内现象，抑或是讲述课文、文学常识。但最好与我们的学习有关，有利于培养学生的高尚情操、拓展知识面。这样不至于空洞说教，也可避免有人讲鬼神迷信或低级趣味的笑话，还会增加同学们听的兴趣，使听者每次有所收获，不会认为白白地浪费了五分钟时间。

当堂记分，规定评分标准。评分采取分项积分法，包括仪表、风度、姿态、语气、手势、流利程度、材料内容及对材料熟悉的程度等，总计 100 分。第一轮鼓励学生敢讲，后两项定分稍高些，随着轮转次数的增多，则增加前面几项的分数，调减后几项的分数。即开初侧重于"讲"，后来侧重于"演"。这样可督促学生慎重对待讲演，有利于讲演艺术的提高。每个学生讲演结束，教师作简短的评论，指出其成功和不足，既使该生下次讲演可以改进，又使后讲者有所借鉴。

这种办法使每个学生在一学期中，至少有两次登台讲话的机会，可以获得十分钟左右在"大庭广众"之下锻炼口才的时间。多年来的实践证明，这个办法学生喜爱，活跃了课堂气氛，效果很好。不但提高了学生的口头表达能力，而且在以下几个方面也有收益：

一、扩大了学生的见识范围。学生要讲演，必然要做一些准备工作，浏览报纸杂志，选取讲演资料，这就使讲演者本人扩大了阅读范围。此外，甲读到的，乙不一定读到了，但一旦讲了出来，就互相交流了课外阅读之所得，增加了学生的知识范围，弥补了课本范文少之不足。如有讲《我国各类书籍第一部的书名》的，有讲《语言的时代特征》的，有讲《写日记的三个好处》的，也有讲《中国历代京城今何在》的，还有讲《有趣的"七"》，《谈不要生造词》《中国诗歌小说之最》《作文怎样出新意》……一人一则，各有千秋；一堂一人，堂堂翻新。常常是一个学生讲，下面许多同学忙不迭地做笔记。待全班同学轮转完毕，一个学期讲演结束，其结果必定有"聚沙成塔"、"集腋成裘"之效。

二、增加写作练习的机会。学生一般要讲演稿，这样他就必须思索"讲"的艺术——如何具有吸引力和鼓动性，如何突出重点，如何开头，如何结尾。这对于那些作文时只图写完交卷，连一遍也不检查的学生，尤其是个促进。

有时学生还需边讲边板书，教师可以当场纠正一些读音、笔顺笔画、错别字等问题。

三、巩固复习了课本知识。如学生讲演的《散文美的三个层次》《常见的容易混淆的几种修辞格》《常见的几种议论文的开头方式》《〈与妻书〉中的典故剖析》《高中语文第二册最后五篇的作者简介》《"左联"是怎样的团体》《鲁迅作品的特殊标点符号》等等，就是对课文的复习和对老师讲解的有力补充。这些东西由学生的口讲出来，听者有新鲜感，比由老师包办的效果好得多。至少，讲者是比较牢固地掌握了他所讲的内容的。

四、抨击了不良现象，有利于端正班风。有些同学的讲演，是针对社会上、校内、班内的不良现象而写的批判评论文章，如有同学讲演的题目是《牛顿晚年当上了铸币大臣的史话——谈人生如何才有成就》，有的同学讲演了《由爱因斯坦对居里夫人的悼词所想到的——一个人的科学成果要以高尚的道德为基础》，有理有据地抨击了社会上的拜金主义歪风，对帮助同学们建立正确的人生观，树立崇高的理想有很大的启发教育作用。班上曾有个别同学不能正确地处理男女生之间的交往，班长在讲演时就作了《和同学们谈点心里话》的发言，用诙谐的语言嘲笑了那些单相思的同学，善意地批评了一些不正常的苗头，使同学们受到了一次教育。

　　总的说来，开展课前讲演收益很大，效果很好，用较少的时间换取了较多的收获，有利于培养学生能力，发展学生智力，有利于语文教学任务的完成，真可谓事半功倍。当然这个方法还有待于改进和完善，我希望语文同行中有志于此者，不妨都来参加这一试验。

走出班主任工作的误区

◇王锡元

中学校务工作中很大成分是班务工作，学校的校风学风的优劣，很大程度取决于班主任工作的效果。加强学校常规管理，全面提高教育质量，中心环节是抓好班主任工作。近年来，我对班主任工作作了不懈的努力和探索，有成功也有失误。失误，则在于走入误区；成功，就在于走出误区。

一、走出"雇佣思想"的误区

班主任的职责是治班育人，工作繁重而艰苦。说实话，自告奋勇当班主任的并不多。不少班主任是在学校领导安排后其情无奈而为之，个别班主任得过且过，"当一天和尚，撞一天钟"，不求其前，不落其后，对得起每月所领的班主任津贴就心安无愧。因此工作业绩平平。这至多也只能算一个"学生头儿"或"维持会长"。

近年来，学校从教师中全面考核、民意测验、择优聘用了一批德才兼备，治班育人经验丰富的同志担任班主任。《中学班主任工作的暂行规定》的出台，明确了班主任的地位、作用、任务和职责，建立健全了班主任工作的激励机制，对班主任进行了责任目标量化考核，将班主任工作的成绩作为分配任务，"农转非"，评职晋级和入党提干的依据。

二、走出"保姆"误区

班主任不是保姆，是"班集体的组织者和指导者，按照德、智、体、美、劳全面发展的要求开展班级工作，培养良好的班集体，全面关心教育和管理学习"。要充分发挥班团干部集体管理作用，强化学生自治、自立、自觉意识。班主任"五到堂"（课堂、食堂、操场、会场、寝室），并不等于时时处处庖代学生的手脚和思维，让教师成为学生的"佣人"，班主任言传身教并不等于事必躬亲，让学生袖手旁观。我们强调在生活上培养其独立能力，在工作上培养其组织能力，在学习上培养其思辨能力，在行为规范上培养其自觉能力，否则学生"保姆"只能是顶起碓窝耍狮子，累死不讨好：既助长了学生的惰性，又使自己陷入事务圈子，作茧自缚。

三、走出"片追"误区

我国的教育目标是提高民族素质。作为高中教育目标，除为大专院校培养合格新生外，更主要的是为四化培养有思想、有道德、有文化、有纪律的优质人才。曾一度，有关部门对学校办学水平的评估看重升学率，致使不少班主任走入片面追求"升学率"的误区，全力抓"优生优育"，高一看"苗苗"，高二选"苗苗"，高三保"苗苗"，导致大面积"苗苗""营养"不良——会考不过关，高考不上线，学生整体素质差。

近年来，我们全面贯彻教育方针，以德育为首，"五育"并举，由应试教育变为素质教育，全方位管理教育教学，抓好学生综合素质。

四、走出"独角"误区

一个班级就是一个舞台，班主任唱独角戏是不可能导演出有声有色的好戏的。只凭主观努力，不顾客观实际，单枪匹马，孤军奋战，结果事倍功半。我们要求班主任"三沟通"（社会、学生、科任教师），起好纽带和桥梁作用，每月召开一次班干部会和科任教师联席会议，经常家访，治班育人齐抓共管。

五、走出"纯纪律"误区

学校工作的中心是教学工作。一切工作都是为了落实教学目标，班主任治班是为了优化育人环境，为学习创造优越条件，个别班主任认为抓纪律才是班主任的"本职工作"，抓学业是科任教师的事。只在维护班纪班风上做文章，而忽视学生学习效果，这无异舍本求末，买椟还珠。

我们规定班主任每周召开一次科代表会，收集学习信息，及时反馈给科任教师，以求得公共解，及时查缺补漏。要求班主任每周星期日晚组织科代表检查学生作业完成情况。对学习成绩差的学生，组织力量补习，组织学生交流学习经验，强化学习效果。要求班主任直接对本班科任教师的教学过程实行监督，以提高教学质量。

六、走出"纯惩罚"误区

当今，商品经济大潮冲击着各个领域。在学校管理工作的激励机制下，经济杠杆的作用固然不可低估，但个别班主任强化经济刺激而淡化

岁月如歌

政治教育，动辄罚款：上课迟到早退罚多少，出操劳动缺席罚多少，违章犯规罚多少……其结果，诸类不良现象有增无减。学生说："我用我钱赌自由，今生今世莫回头。"经济惩罚的负效应抵消了政治思想工作的正效应。

我们要求班主任强化德育工作，对学生进行日常行为规范、良好习惯养成的教育，警钟长鸣。尤其是对那些差生要做好转化工作，要晓之以理，动之以情，抓好一点，影响一片，从而大大降低了学生违纪率。

七、走出"掩丑"误区

在班级竞争中，个别班主任唯恐影响本班目标责任量化积分，千方百计掩饰本班过失，尽量掩盖本班矛盾，所谓"家丑不可外扬"。其结果，矛盾重重，"危机四伏"。我们每月召开一次班主任会议，通过自查、自纠、自比（查本班失误，比别班长处，纠正失误），不虚美，不隐恶，取长补短，共同前进。

现在，我校有一个素质较好的过硬的班主任队伍，治班育人效果显著，班级争优创先，蔚然成风。今年有 4 个班被评为地市级先进班集体，有两个班被评为校级先进班集体。

情感管理的效应

◇邓仕忠

科学、技术与管理是当今世界创建文明的三大支柱。学校管理是为推进科学进步、技术发展培养人才、实现科技文明的关键。我在二十多年学校管理中，体会到学校是师生的集合，是培养人才的沃土。要培养合格加特长的人才，除必须建立一支政治思想素质好，文化知识素质高，专业工作能力强的师资队伍外，还必须营造一种生动活泼、友爱和谐的群体劳动氛围，在营造劳动氛围中，我以情感管理为基础推动各方面工作同步发展。

一、以情驱动教师，实现育人目标

育人是教师群体劳动的出发点与归宿，而群体劳动效率的高低又取决于教师个人的事业心、责任感和聪明才智发挥的内驱力。要促使教师个体元素发挥其内驱力，并形成系统总和，单靠学校制度管理这一外部制约机制是难以实现的，重要的是管理者要以情去驱动教师个体的内驱力。我校有个青年教师蔺勇，有强烈的事业心、责任感，有深厚的文化知识。但因缺乏课堂教学经验，教学效果一度较差。针对其存在的问题，我主动邀请他观察我和其他教学经验丰富的老师的课堂教学，给他介绍各种课型的教学方法，并组织教师连续跟班听他讲课七节，每听完一节课，就组织听课教师认真进行评课分析，帮助他总结优点，诊断疏漏与不足。通过评课，他从领导教师的节节评课、条条分析、句句话语中深深感受到领导和教师的关爱之情，从此他潜心学习教育理论，研究教学方法，在较短的时间里掌握了课堂教学规律，并取得了全区竞教第一名和学科教学期终统考第一名的好成绩，受到了师生和家长好评。

二、以情调动教师参与民主管理

办好一所学校，校长的作用不在于如何表现个人的意志，而在于怎样实施民主管理，只有民主管理才能强化教师的群体意识，使自己成为办学的主人，而不是被管理的奴隶，从而充分发挥其兴教育人的聪明才智，积极为办好学校献计献策，拼搏奉献。只有民主管理，才能建立起教师群体的监督制约机制。保障学校全面地贯彻教育方针和教育政策。也只有民主，决策上才能避免失误，教改上才能不断深入，管理上才能集思广益，经费上才能民主理财。如我校在制订教师活工资实施方案中，有教师说好，认为它是劳与酬对应的具体体现；有的教师说不好，认为在教师工资偏低的情况下，会引发教师之间的争斗。为了把教师的思想统一到奖勤罚懒的认识上来，我组织党、团、队、会、妇、教各类人员，反复酝酿，论证分析，统一认识，提出方案，再经筛选，提交教代会审议通过，经实施证明《活工资实施方案》强化了教师的主人翁意识，增强了教师比业绩赛奉献的内驱力，推动了学校各项工作的顺利开展。

三、以情激励教师育人竞争意识

十年前我调到十里罐小学（即凤鸣小学）做校长，有教师赠给我一首打油诗："十里罐小学，升学十年光，教师思调走，学生想转学。"面对教师自卑、消极的思想情绪，我没有运用行政命令手段批评指责教师，也没有简单运用规章制度的外部制约去约束教师，而是通过与教师个别摆谈，探讨"办好一所学校的奥秘"，用情去温暖教师快要冻结的心，用理去启开教师迷惘的情。在此基础上，又把制约机制与激励机制有机结合，引导教师在完成时代赋予的历史责任的大道上拼搏奋进。如张洪卫老师由乡初中调来"十年光"小学，委屈与怨气填塞了他爱说爱讲的嘴，抑制了他脱颖而出的智，行使他当一天和尚撞一天钟的"勤"。我针对其问题，以理去疏导，以情去感召，终使他心甘情愿地奉献出埋藏在心底的管理秘方，利用教学过程管理、试卷成绩分析、科学检验交流、加强考核管理等有效措施，把学校推上了规范化、科学化的管理轨道，把教师推入了比业绩的竞争氛围，教学质量年年升位，跃上了新台阶，学校甩掉了落后的帽子，取得了"升学十连冠"的优异成绩，带领教师大打落后、翻身仗，历经十年的艰辛与拼搏，学校甩了落后雪了耻，跃上了全区"十连冠"的光荣榜。

四、以情感召教师为育人无私奉献

教师职业的特点是不甘落后，不计得失，不求索取，不惜奉献。作为校长，只要把握住教师职业特点，为教师作出表率，让荣誉、让利益，工作出于公心，处事不徇私情，真诚平等待人，与教师肝胆相照，荣辱与共，就能促进教师扬其所长，为教书育人作出奉献。我校教导主任向善勇同志被初诊为贲门癌后，日不思饭，夜不能寝，我一方面规劝宽慰他的心，另一方面陪同他上省医院确诊，结果是贲门脓肿，解除了他的病魔桎梏，恢复了他的生命活力。教师江万木的父亲病故无钱安葬，学生王龙患骨髓炎无钱做手术，我带头向他们捐款，带动了师生献爱心、救危难的行动，师生慷慨解囊捐资 2000 多元解决了江老师葬父的困难，挽回了王龙垂危的生命，推动了献爱心、救危难、互帮互助的文明之风的形成。再如，学校利用"庆生日"活动，颂扬老教师的业绩与奉献，总结青年教师的成长事迹，使教师感受到集体的温暖与爱护，学校的尊重与鼓舞，教师人人舒心地工作，个个无私地奉献！

学校管理各种问题很多，校情各异，但我认为重要的莫过于领导者的感情投入，若领导者寓情感于管理过程之中，将产生较好的效应，我校就是很好的例证。领导者把情感投入管理过程后，学校 1985 年就甩掉了落后帽子，1986 年就进入区级先进学校行列，1990 年跃上市级先进学校台阶。教职工有 50 余人次被评为省、地、市、县（市）级先进教师，有 12 人被吸收为共产党员，为乡镇中小学培养领导干部 6 人，全学区教师实现了学历合格达标。近十年来向上一级学校输送合格学生 200 人，学校管理经验迎来了全区"双管"研究现场会的召开，起到了示范、领路作用，受到了教育管理部门和乡镇党政的一致好评。

改进德育工作　培养创新人才

◇黄仁贤

在第四次全国教育工作会议上，胡锦涛同志明确指出："我们必须全面贯彻党的教育方针，坚持教育为社会主义为人民服务，坚持教育与社会实践相结合。以提高国民素质为根本宗旨，以培养学生的创新精神和实践能力为重点，努力造就'有理想、有道德、有文化、有纪律'的德育、智育、体育、美育等全面发展的社会主义建设者和接班人。"在全面推进素质教育中，胡锦涛同志还特别强调："思想政治教育，在各级各类学校都要摆在重要地位，任何时候都不能放松和削弱。思想政治素质是最重要的素质。不断增强学生和群众的爱国主义、集体主义、社会主义思想，是素质教育的灵魂。"学校德育工作如何具体落实胡书记的重要指示，在全面推进素质教育中发挥自己的独特功能？我们认为，必须抓住培养学生的创新精神和实践能力这个重点，大力改进学校德育工作的方式方法，明确新形势下德育的目标和任务，为增强学生的创新意识，培养学生的创新精神，在提高学生创新能力上发挥重大作用，以逐步形成适应素质教育需要的德育工作的新模式。

第一，增强主体意识，树立民主、开放的教育思想，正确处理灌输与疏导的关系

学校德育工作，学生既是施教的客体，又是自教、自管、自理的主

体。高尚的道德情操，良好的行为规范，既要靠外部的约束、规范，更要靠学生自我的体验、内化。因此，必须摒弃德育工作者"长官意志"、"个人包办"、"封闭管理"、"堵塞惩办"、"我说你听"的错误教育思想和错误做法。树立学生是教育的主人，实现学生自我管理和自觉管理是德育工作的最终目的，也是实现德育工作民主化，培养创新人才的必由之路。人民教育家陶行知先生早在 20 世纪 40 年代就指出："培养学生的创造力要进行头、手、眼、嘴、时间、空间六大解放。要启发学生创造性的思维，鼓励学生自己动手、耳闻目睹、尊重事实。要每事问，给学生的言论自由。要让学生到大自然，大社会里去取得丰富的学问。"我们认为，学校德育工作在管理制度上必须把强制性、统一性的规章制度与学生共同讨论、商定的公约、守则有机结合起来；在教育管理的层次上实行多层次、多渠道管理：既有班集体的集体导向，又有学生干部、学生群团组织的自我管理，自我约束；还有学生个人品德行为上的自我"内化"和修养。这样，既可以改变长期以来德育工作"筑堤防洪"的被动局面，又可使学生思想解放，逐步形成创新的意识。在德育施教的内容上必须处理好灌输与疏导的关系。一方面，对学生进行系统的马列主义、毛泽东思想、邓小平理论的学习、讲解，帮助他们树立正确的世界观、人生观、价值观，这是学校德育工作的重要内容和基本任务。另一方面，面对改革开放新形势下，学生思想比较活跃，好奇心强，对西方不健康的精神产品缺乏辨别与批判能力这一事实，德育工作不能简单地"堵塞禁止"；而是应当通过举办课外时事讲座、科技制作、文娱晚会、主题班会、观看爱国主义影片，以及成立各种课外兴趣小组，让学生在这些活动中充分发挥自己的特长和爱好，展示或实践自己的创造才能，并逐步使自己的思想认识得到提高与升华。总之，实行民主管理，发挥学生自我教育的主体作用，才能真正解放学生的思想，为增强学生的创新意识奠定坚实的思想基础。

第二，用现代科学管理理论重建德育管理的新模式，正确处理管理与教育的关系

运用系统论的原理正确处理好"德、智、体、美、劳"五育之间的关系，寓德育管理于智育之中，寓德育管理于各项活动之中，充分发挥德育的整体效益。正确运用信息论的原理，做到管理的渠道畅通，信息反馈及时，适时掌握学生的思想脉搏，避免管理决策的盲目性。运用质、量互变的原理，正确运用学生品德操行考核量化评分的方法。如果考核项目烦琐，量化过细，重常规管理而轻思想转化工作，重显性而轻隐性表现，甚至把评分作为惩戒学生的手段，就有可能束缚学生思路，局限学生视野，压抑学生特长爱好，极不利于学生创新精神的培养。因此必须把管理与教育有机结合起来，做到管教同步，以教为主。实践证明，只管不教就会形成盲目服从，缺乏自我思想动力，不能达到自我修养、自我管理的目的，而且还会使思想工作简单化、一般化。相反，只教不管，没有合理的、可行的制度，没有行为的合理规范和常规的养成，思想教育的效果就难于巩固，思想教育的作用就会苍白无力。总之，正确处理好管理与教育的关系，才能为培养学生的创新精神开创良好的环境氛围。

第三，运用因材施教的原则，实现德育工作方法的多样性，正确处理共性与个性的关系

不同学生有不同的个性，不同的心理气质。长期以来学校德育工作只强调共性，而忽视学生的个性心理特征，因而德育工作管理方法单一化，管理制度"一刀切"，不承认差别，不实行分类指导，这是我们应当注意的。要提高德育工作的效率，加强学生思想工作的针对性、实效性，就必须认真研究不同年龄阶段、不同性别学生的个性心理特征。事实证明，学生没有独立个性，就失去了创新的心理基础。为此，德育工作的首要任务就是要分析和了解不同学生的个性心理特征。从一般情况

看，学生的发展类型可分为：全面发展型、特长型、重智轻德型、学法死板型；从心理特征看有：理智型、独立性、情绪型、外倾型、内向型。再从不同类型中分析产生的环境条件和历史根源，从中发现独立性强、创造性大、自觉性高的学生进行定向培养。采取多种灵活的管理教育方法去转变那些不利于创新型人才发展的不良个性，才能真正使我们的德育工作克服形式主义的倾向，才能适应新形势下青少年发展成长的特点，使学校德育和学生生活与社会实践紧密结合起来，使德育工作在全面推进素质教育，培养适应 21 世纪现代化建设需要的创新人才发挥应有的保证、核心作用。

磨炼与成才

◇胡永跃

古人云："天将降大任于斯人也，必先苦其心志，劳其筋骨。"

这话虽然是两千多年前孟子说的，但它却告诉了我们一个真理：人生于忧患，死于安乐。这是在实践中反复验证的真理。

当今社会，多是独生子女，人人都希望自己的孩子成长，期望下一代人比自己生活得更好，望子成龙望女成凤的心情非常迫切。但是，他们对孩子却没有正确的教育方法，有的甚至溺爱孩子，只在生活方面关怀备至，却很少考虑给他们一些应有的锻炼。一些家长给孩子大把大把的零花钱，孩子要什么就给买什么，一切用品要买名牌，穿戴要赶时髦。这样做的结果，让孩子们养尊处优，养成了骄奢淫逸的习惯。他们衣来伸手，饭来张口，走三步路要坐车，腿上韧劲没有了，手上的力气减弱了，在困难面前望而却步，遇挫折便垂头丧气。这样的人，还会有什么作为呢？

革命事业不会一帆风顺，虽然我们现在在各方面取得了很大成就，但前面的路还很长。就个人来说，人生处顺境的时候少，处逆境的时候多。一个人要能在逆境中奋发，不断磨炼，勇于进取，以大无畏的勇气向困难作斗争，变压力为动力，这样才能战胜前进道路上的困难，取得事业的成功。否则，就将一事无成。

所以一个人要能经受磨难，勇敢面对困难。司马迁身受酷刑，却能奋笔写出千古不朽的名著——《史记》。人的不幸是一把"双刃剑"。走出不幸的沼泽，前边就是一片开阔地。阳光总在风雨后，温室里培育不出耐寒的花朵。家长们别把一切都给孩子们安排得完美无缺，让我们的后代坐享其成，弱不禁风，而应该让孩子多一些磨炼。"宝剑锋从磨砺出"，让他们练就钢筋铁骨，好承受千斤重担；让他们练就顽强意志，泰山压顶不低头，使其在大风大浪中成长，这才能为他们铺就一条成功大道。

学生心理与人生观的培养

◇梅质开

　　所谓人生观，就是人对人生的根本看法和态度。它包括人生目的、人生态度和人生价值，即是说明人为什么要活着和怎样生活才有意义。一个人人生观的形成，一般说来是在成年以后。人生观是一种心理倾向，它和世界观紧密联系着，是世界观的有机组成部分，是世界观在对待人生问题上的应用。形成世界观的认识前提，是掌握一定数量的极其重要的知识，以及个人进行抽象的理论思维能力，把那些零散的知识形成一个统一的体系———一个对人生信念的体系。一个人形成这样的信念体系，是在家庭、学校、社会诸方面的教育影响下，通过自身长期实践逐渐树立起来的。

　　从学生心理发展过程看，童年期虽然已经摆脱了幼儿期以游戏为主导的活动，进入学习科学文化知识的阶段，但由于他们的思维还直接与感性经验相联系，思考问题仍然需要具体形象的支持，对事物的认识具有个别性、零散性；就其个性倾向而言，虽然兴趣、信念、需要、爱好等各方面都与幼儿期有别，但仍然处于较低的水平，而且极不稳定。这个时期，他们所关心的问题，只能是与其生活发生直接联系的部分。有时他们也对"人为什么要活着"之类的问题提出疑问，而且经成人的教导和自己的感受有一定的认识，但总的说来是十分模糊的，仍处于人生观的朦胧期。少年期是人从童年向青年的过渡时期，心理水平比童年期有很大的提高。就其思维而言，抽象思维日益占有主要地位。他们不仅能在抽象概括的水平上掌握相当数量的科学概念，而且还能比较全面而深刻地掌握一些复杂的概念。这时他们的判断推理能力也大大增强，思维的独立性和批判性也显著发展。就其个性心理倾向而言，他们已经产生了高于童年期的心理需要，兴趣、爱好已超出日常生活直接发生联系的部分，而进入了探索人生意义的新轨道，世界观、人生观开始萌芽。他们在学习与生活中所形成的不少观念，有些已转化为信念，但还远远说不上对人生的认识已经形成了一种稳定的思想体系，因为还不能掌握抽象性很强的哲学概念。

越过半幼稚、半成熟的少年期，进入青年期，情况就大不同了，他们已经开始接受更高层次的学习任务，家庭、学校、社会要求他们学会自觉地从事学习和劳动，学会独立地处理自己的生活问题以及自己和集体、他人的关系，学会像成人一样地生活和工作。这个时期，他们的思维具有更高的抽象概括能力，具有更大的组织性、深刻性和批判性，并开始形成辩证逻辑思维。如果说少年期的抽象逻辑思维主要属于经验型的话，那么到青年期抽象逻辑思维已发展到理论型了。就其个性倾向而言，他们的兴趣、爱好、信念等已经具有相对稳定的性质了，对自然、社会、人生的看法已具有很强的哲理性。所以，我们说青年期（这里主要是指青年初期）是人生观的初步形成期。从这三个时期学生的心理发展状况看，虽然有的人生观处于朦胧阶段，有的处于萌芽阶段，有的在初步形成，但在这三个时期中，都应当抓紧教育与培养。教师能够尽早地做这一工作（尽管是零散的、具体的、有些是非哲理性的），对于使学生逐步形成共产主义人生观具有十分重要的意义。思想教育有个"战机"问题，青少年时期是人的思想最为活跃的时期，但又是尚不成熟的时期。这个时期，他们的可塑性很大，易于接受外界的影响。俗话说：

"群枝易弯也易直。"如果不抓紧这方面的教育与培养，等到一些腐朽没落的观点去侵蚀了他们的灵魂再作矫正，那就是贻误"战机"，以后将会出现很大的困难。如果抓得及时，而且各个时期都坚持不懈地抓紧抓好，那么，学生的青少年期就会有可能逐步形成正确的人生观。人生观是意识形态的一部分，它一经形成，对人的生活将起着巨大的指导作用，决定着人生的方向，成为为伟大事业而奋斗的推动力。

对青少年的共产主义人生观的教育培养，必须从他们的心理实际出发。青少年有强烈的求知欲与上进心，但不成熟，在对待人生的问题上总避免不了肤浅性、具体性和零散性。在对他们进行教育培养时，教师必须从点点滴滴做起，从具体的方面教起，针对不同层次的心理发展水平，进行不同的教育。

第一，结合各科的教学，充分发掘教材的教育因素。这里所说的各科，包括思想品德课和各种文化课。如小学的思想教育课，初中的青少年修养、社会发展简史，高中的辩证唯物主义常识等，都是对学生进行人生观教育的好教材。教师利用有关的内容，既从理论上讲清概念，又注重联系实际，通过一个个小而具体的问题，让他们从认识无数的小道理开始，达到认识大道理的目的，日积月累，逐步提高。在文化课的教学中，既要注重把科学性与思想性结合起来，用马列主义观点阐发科学知识（学生掌握科学的基础知识是形成共产主义人生观的前提），又要结合实际对学生进行思想教育。

第二，通过各项活动进行教育。如召开主题团队会、读书会，请战斗英雄作报告，看电影，参观，访问等等。在这些活动中读书是很重要的。教师应当有目的、有意识地向学生不断地推荐一些有关的书，并组织指导学生阅读，以发挥作品教育性的巨大作用。

第三，发挥班主任对培养学生正确人生观的特殊作用。班主任是全班学生的组织者、领导者和教育者，是学生健康成长的引路人，对学生的教育影响富有力量。只要班主任善于做深入细致的工作，善于用正确的观点教育学生，就能不断地克服社会上的一些不良思想的侵蚀，增强抗诱惑力，使学生健康成长。

第四，加强实践的磨炼。一个人正确观点的形成，不能只是有认识，还要有实践。因为思想的转变过程，有个自我教育、自我完善的过程，共产主义人生观的形成更是如此。所以要从大处着眼，从小处着手，"从我做起，从现在做起"。要通过他们日常的学习、生活和劳动，通过对人、对事、对物、对劳动态度等等来锻炼他们，引导他们把远大的理想同日常平凡的事情紧密结合起来，去体现人生的意义。

农村学校教育中的新课题

◇严万林　晁宪峰

近年来，不少学生家长双双外出打工，留守家园的多是年逾花甲的老人。这种社会现实导致许多学生缺少家庭应有的温暖和精神依托，影响学生学习，不少学生甚至对学习丧失信心，对学生的教育，也失去了家庭的配合。父母对子女的关心、爱护多集中体现在经济支援方面，给子女的汇款成百上千元，客观上滋长了其中部分学生生活上追求享乐，产生了讲究吃穿的不良风气，从而影响到学生的健康成长。探索和加强留守儿童的教育，成为农村学校的教育新课题。为此，我们采用了以下对策：

一、加强德育管理，让学生在参与管理的过程中，接受自我教育，从而增强学习信心

德育管理的终极目标是实现自我教育，使学生成为管理自己的主人。为此，我们在指导学生自理自治和自我教育上作尝试。力求让较多的学生在班上各承担一项工作，各履行一份职责。如，轮流值日、轮流做小组长、当校园墙报撰写员、团委广播室通讯员。学校书画比赛、"庆七一、迎回归"文艺演出，纪念"一二·九"运动等均在教师的指导下，让学生自己组织实施，并有意识地让父母外出打工的学生有更多的机会在活动中负责。学生在尽责的过程中学会了自理、自治，懂得了

尊重他人、关心他人、珍惜班集体荣誉，同时也受到他人的关心和尊重。使学生体会到班集体生活的温暖、校园生活的乐趣，从而增强学习信心。例如，今年"五四"青年节，校团委组织歌咏赛，让一位有名的"双差生"做该班合唱队指挥，结果获优秀指挥奖，在师生的一片赞扬声中，这位学生精神振奋，从此，不仅表现好，而且学习进步大。

在实施日常规范的养成教育中磨炼学生意志，提高独立生活的能力。学生良好行为的养成，要求教育者对学生施加教育影响时保持经常性、稳定性和一贯性，这就需要做大量艰苦细致的工作。我们在进行日常行为规范的养成教育时，以磨炼学生意志、提高独立生活能力为目的。集会、课间操、清洁大扫除、寝室的安排布置、作息时间的遵守，既有明确一贯的制度，又有检查评比及奖惩办法。如，学生寝室内要求做到三条线（被盖折叠后放置同一方向上成一条线；洗脸面巾挂在一根绳上，大小长短要成一条线；箱子安放两边，前沿对齐，高低垫平，成一条线）。这样培养了学生相互谦让的品质，审美的能力和集体主义精神。不少父母在外打工的学生说，我们在学校不仅学到了知识，更重要的是磨炼了意志，提高了独立生活的能力，克服了讲究吃穿、乱花钱的不良行为，从而放弃了逃学、弃学念头，决心努力学习，完成好学习任务。

二、认真搞好教学工作，让学生在接受知识的过程中体会到知识的宝贵，看到光明的前途，从而坚定学习信心

我们在教学过程中，全面了解学生学习实际情况，既统一要求，严格检查、考核，又因人而异，因材施教，各得其所。对后进生实行"三不"、"六多"的教学原则，"三不"是：情感上不冷遇，人格上不歧视，肉体上不体罚；"六多"是：课堂内多提问，多讲解；课堂外多辅导，多当面评改；生活上多关照，一旦有了进步就要多表扬鼓励。如一位姓蒋的学生地理科单元过关考核，仅得了 19 分，地理教师冷静细致地分

析了他试卷中的得分、失分情况后，与他当面评讲试卷并征询他对地理课教学的意见，实行"三不"、"六多"的教学方法，使这位学生在期末考试中地理获得86分的好成绩。近来学习《海洋资源》一章，懂得了海洋不仅美丽，而且富饶——是"天然蛋白质仓库，乌金的储存库，盐类的故乡，能量的源泉"之后，他决心学好地理知识，努力掌握科学技术，长大后加入开发海洋资源的行列，亲自开发利用海洋资源，为祖国的繁荣富强、人民生活的幸福美满作贡献。

三、切实搞好后勤工作，让学生有一种安全感、温暖感，从而自觉学习

对后勤工作，我们做了三件事：

一是在教育学生热爱集体、爱护公物的同时，要求后勤管理人员尽职尽责，切实保管好学生生活用品。学生寝室定时锁门、开门，学生饭盒出甑后分级摆放，专人看管，待学生取走饭盒不出差错时，管理人员方才离开。这些虽是琐碎小事，但对于父母不在家的学生来说意义重大。如初一一学生，吃饭时发现饭盒不见了，不仅这顿吃不成，下顿饭又无盒蒸饭，引起连锁反应。另一位学生，早上起床时发现鞋子不见了，就下不了床。由于学校值周教师和后勤管理人员工作过细、过硬，立即采取措施，使问题得到圆满解决。因此，很多学生和学生家长都赞叹地说，在学校住校很安全。

二是现在的初中生，几乎全是独生子女，个个都是父母的掌上珠、心头肉，宠爱有加，但迫于经济浪潮的波涛汹涌，加之连续六年的大旱，不得不外出打工。作为教育工作者的我们，若不在这部分学生身上送上一些温暖，增添教育措施，将会给班级巩固率造成很大的影响。因此，我们进一步完善了《炊事人员岗位责任制》，在清洁卫生的前提下，保证热饭、热汤、开水和洗脸水的适时供应。全体教职工既教书育人，又当"半个爹娘"，过问穿衣的多少、被褥的厚薄、蒸饭有粮否，生病

就医、服药等问题，在这些细微的过程中培养学生独立的生活能力，让学生多一分温暖感。

三是带领学生整治校园，绿化、美化、净化环境。建校门、修围墙、凿水池、硬化校内干道，自己设计花园，让学生在实践中学知识、长才干，懂得劳动成果的来之不易，自觉珍惜劳动成果，爱护公共财产，明确人生价值在于创造。通过美化环境，励志怡情，益智健体，从而自觉勤奋学习，立志成才。

四、建立家长委员会，适时召开学生家长会

学校为了更好地解决教育中出现的新问题，把学校内部教育同社会教育有机结合，选择具有代表性的学生家长，组建家长委员会，通过家长委员会成员把教育方针、政策、法律、法规，学校内部管理要求，所取得的成绩和需要家庭、社会配合解决的问题等，广泛向社会和学生家长宣传、呼吁。适时邀请地方党政领导、主管部门领导和学生家长来校召开声势浩大的家长会议，共同商议教育好家长们的孩子、我们的学生的大计，充分引起家庭和社会对学校教育工作的了解、关注、关心、支持和配合，形成学校、家庭和社会相互配合的教育网络。

五、举办法律知识讲座，让学生学法、知法、守法，从而运用法律武器维护自己的合法权益

1. 班主任老师利用班会课，组织学生学习《四川省治安管理处罚条例》《教育法》《未成年人保护法》等。

2. 聘请当地派出所所长为我校法制教育副校长，一方面给师生进行法制教育，另一方面为学校贯彻执行党和国家的教育方针，实现教育教学目标保驾护航。

3. 邀请南充市教委法制教育科科长来校给学生上法制教育课。

4. 与当地司法所联系，请司法所领导到校办法制教育讲座。

5. 召开法制教育现场会，让师生参加当地公捕、公判大会，进行

现场普法教育。

通过上述教育活动，大大增强了师生法制观念，为依法治校、依法执教、民主管理奠定了基础，铺平了道路。

六、举办中学生心理咨询和心理健康讲座

让学生懂得健康的含义应包含如下因素：身体各器官发育正常，功能健康，没有疾病；体质强，对疾病有较强的抵抗力，并能刻苦耐劳，经受各种自然环境的考验；精力充沛，头脑清醒，精神贯注，工作学习效率高；意志坚定，情绪正常，精神愉快。健康不仅仅是身体没有疾病，应该是具有完好的生理、心理状态，良好的道德品质和社会适应能力。

让学生了解，根据心理学家测试表明，30％的中学生均患有不同程度心理疾病（或存在心理障碍），列举大量平时学生中常见的由于个性心理不够健康的外在表现言论、行动。通过探病因、列表现、论危害、指导校正治疗方法等一系列活动，让有心理疾病的学生对号入座，认真咨询，积极配合校正治疗，从而达到了一般说教达不到的特殊效果。

学校教育是一个无极限的新课题，面对新世纪、新千年的机遇和挑战，今后的路怎么走，如何为发展山区教育、振兴山区经济再作贡献，我们正在作深层次的思考、探索。

岁月如歌

让歌声与微笑陪伴孩子们

◇王可成

"请把我的歌带回你的家，请把你的微笑留下，请把我的歌带回你的家，请把你的微笑留下……"人们每每漫步蓉城茶店子正街"金牛区残联"门口，有时会情不自禁地驻足倾听这熟悉的歌声。原来，这是金牛区残联创办的"金牛阳光家园"里一些智障、精障孩子们的歌声。

以前，这些孩子的家长都忙于工作，无暇照顾，又没有经济能力送孩子去普通学校学习，只好把他们反锁在家里，让这些智障儿童错过了最佳治疗和康复机会。如今政府创办阳光家园，把这些孩子组织到家园里，并聘请一些有特长、有技能的老师，教孩子们学习编织，做力所能及的手工，如糊灯笼、手工串珠、学电脑等。辅之音乐、舞蹈、书画，加上康复老师的辅导治疗来开发他们的智力、活跃他们的身心，使他们能很好地融入社会。当家长听说政府为这些孩子建"家园"或"工疗站"都欣喜若狂，奔走相告，纷纷把孩子送到家园里来。目前，成都市各个社区都建起了这样的家园。

我就是当时金牛区残联建"家园"聘用的志愿者之一，从 2007 年 4 月起任每周周二的音乐课和语言课到现在。记得刚刚接触到这些孩子时，他们整天不说一句话，动作缓慢，那略带惊恐和呆滞的目光，让人心里真不是滋味。教师的责任心促使我勇敢地担起责任。但面对这新的群体，我必须摸着石头过河，一切从头做起，尽快探索出适应他们的一套方法，打开他们封闭的心灵。

第一阶段是友好地接触，给孩子们示范，教他们一些简单的礼仪，学会跟人打招呼，学会熟悉自己的名字，当听到叫自己名字时，学会答应，并反复训练，取得了成功。有一位叫毛冀锐的学员，一次他母亲生病住进了省医院，由于他想念母亲，就私自离家去省医院，不幸走失，这下可急坏了家人。他妈妈只好提前出院，动员亲朋好友四处寻找，几天下来终无结果。家人只好贴出"寻人启事"，向社会求助。十多天以后的一天，一位"救助站"的民警按"寻人启事"上的联络电话和毛冀锐的妈妈联系上了，说他们几天前在街上收容了这个走失的孩子。当时百般问他，他就是不开口说话，民警们也非常着急。当看到了"寻人启事"后，根据上面描绘的生理、体态特征，估计大概是毛冀锐，便有意地喊出了这三个字，不想这个一直不开腔说话的孩子，一下站了起来，并响亮、清楚地答应了一声"有"。当民警把毛冀锐送到毛家，妈妈见到"久别"的孩子，感激的眼泪夺眶而出。千谢万谢了民警同志。后来又把这个真实的故事讲给了我和"家园"的领导听，也对我培养了他的孩子表示感谢。

第二阶段，我给他们讲简短有意义的故事、童话，设立一定的场景，辅导他们相互打招呼、介绍自己的家庭成员、家住哪里，是怎样乘车来到家园的，给他们唱好听的歌。我在教学中体会最深的是尊重他们，对他们要有爱心、有耐心、有信心，哪怕他们在表达中有不通顺的地方，都要坚持听完，并慢慢地纠正他们错的地方，示范怎样正确表达自己的意愿。我知道，"歌声是最美好的语言"。

第三阶段，我就自己选编教材，从认识唱名1、2、3、4、5、6、7开始到教唱音阶、听旋律，逐字逐句认读歌词，逐字逐句朗诵歌词，逐句逐句学习曲调，再通过齐唱，分组唱，独唱、范唱，最后能完整并较正确地唱完一首歌；语言课上我开始时教他们学习汉语拼音，给他们讲述带有拼音的成语、小故事、短的诗词，引导他们多认字，多写字，逐渐学会用书面语言表达。根据他们各自的爱好，我手把手地教会高鹏飞学员当小指挥，一般二拍子、三拍子的歌，我都有意识地叫他上讲台指挥。我教会了晋军学员吹竹笛，凡是他会唱的歌，他都能用竹笛吹奏出来。我教学员唱歌的时候，我用电子琴、他用竹笛为同学们伴奏。几年下来，每当"家园"里组织孩子们集体过生日，齐唱"生日歌"时；每当节假日"家园"组织学员与家长联欢，孩子们朗诵"思念母亲"这首诗，唱起"母亲"这首歌时；每当市残联利用残疾人的节日组织文艺演出，孩子们表演我创编的"三句半"——"想得宽"及表演唱"黄杨扁担"时；每当礼拜二我上课孩子们能唱完一首完整的歌、朗诵一首完整的诗、讲完一段完整的话时，孩子们眼里会闪着智慧的光，脸上会绽放会心的笑。家长们喜啦，观众们乐啦！

"羊有跪乳之恩，鸦有反哺之义"，何况人乎？想自己是阆中家乡父老养育和培育的结果，我应把我的知识和能力感恩人民、回报社会。我虽然已退休快古稀之年，但能为这些孩子做点事，我觉得是教师职业惯性之使然。孩子们也跟我有感情，每当我周二上课时，人人都积极搭好桌、椅，搬好教具，有的还来迎接我，帮我推自行车，锁自行车，提手提包；当我上完课离开时，都依依不舍地跟我打招呼："下周周二再见！"逢到节假日都打电话或发短信问候。《成都商报》《华西都市报》都刊登过"家园"和我的事迹；金牛电视台也录制过我的专访节目；北京中残联的领导同志下来视察工作时，也欣赏了孩子们表演的节目，成绩也得到领导的肯定。这些，促使我更加努力去搞好这份工作。在政府的关怀下，在"家园"的安排下，我将尽自己的微薄之力，让歌声与微笑陪伴孩子们！

声乐教学的关键是生理
与心理状态的协调配合

◇陈辉禄

笔者在多年的教学实践中体会到，众多的声乐爱好者在歌唱中造成声带挤压、干瘪、声音虚弱无力，单调，平淡无味，甚至声音沙哑的原因是，不懂得科学发声的原理和方法。诸如歌唱的气息，呼吸方法，共鸣及表演等。要解决这些问题，就得从对歌唱的生理状态与心理状态的分析及其配合入手。

一、歌唱时的生理状态

1. 气息状态

吸气状态应为：吸气时，气沉于丹田，两肋、肺、腰间向四周扩张，小腹外鼓。像大摆裙似的向下周围撒开，或者说像闻花时，把香气吸入到肺的深处的感觉。

呼气状态应为：歌唱时，必须微收小腹，腰间两肋，向内收缩，像大摆裙向上提起，芙蓉出水，下摆周围缩小。或者说像发自内心地感叹的状态。

2. 共鸣系统状态

歌唱共鸣系统：口咽腔，头腔（额窦、蝶窦、上颌窦）、胸腔必须形成管道式共振效果，即是歌唱时的共鸣效果。三大腔体中，口咽腔尤为重要。口咽腔上连头腔下接胸腔，歌唱吸气时，张口必须保持半打呵欠状态吸气。同时喉结下降位置，喉咽腔向前后扩张，让出宽敞的通道。歌唱时，需提高软腭，内口盖自然提高，前口盖向上成拱形，形成头腔、口咽腔、胸腔连成通畅的管道式共振系统。这就是良好的歌唱共鸣系统的生理状态。

二、歌唱时的心理状态

1. 对歌唱认识的心理分析。初学声乐者既不能把声乐看得玄妙、高不可攀、深不可测，但又不能把它看得简单，人人都可以。声乐既是一门技巧很强的艺术，是通过声乐家艺术再创造用美妙的声音传送给观众的高雅艺术，又是人们生活中喜闻乐见的。诸如人们劳动生活中的号子、山歌、民歌，加以劳动节奏的模拟艺术手法的加工，的确是人们生活的真实反映和写照。作为声乐爱好者，必须从科学的态度出发，从理论上认识歌唱呼吸、发声、共鸣及咬字吐字，并把它贯彻到平时的基础训练中，求得理论与实践的结合，才能得到正确歌唱的方法。在老师有序训练中，严格遵循科学发声方法，循序渐进，方能谈得上在实践中提高，在实践中应用，达到自己的理想境界。对一个声乐老师而言，声乐是面对面的授课，老师的示范要有针对性，语言简练、平易近人，循循善诱，切忌急躁。教师急躁容易造成学生的害怕、紧张心理，一旦学生有紧张情绪，心理不平衡，对于歌唱生理状态及如何配合就一概达不到。教师辛苦地备课，换来的却是事倍功半的效果。

2. 唱前的心理准备。教学中每当声乐的呼吸、发声、共鸣等辅助练习就绪，应启发学生，对歌唱充满信心和饱满的热情。振奋的心情，应体现在美满的歌声表达中去。还应启迪学生，根据平时所看影视节目及所听磁带中男女高、中、低各种声部的声音特色，再以自己所具声音特色结合想象中的声音特色，进入自己的歌唱，常会取得师生共同希望的满意效果。

3. 歌唱意境神态的统一要求。对于演唱每一首歌，唱者首先应从文学意境到歌曲韵律进行全面分析，既要考虑作者的全面意图，又要让自己对歌曲进行艺术意境的再创造。如，歌曲表达空中的、地面的、水上的、想象的、真实的、聆听远方的，近处的等，在演唱中，着重在神态上下功夫，做到声音与神态的统一。

三、歌唱中的生理与心理状态的配合

这里很重要的环节是生理状态的配合，即歌唱的上下配合，或者说气息与共鸣系统的配合，是基础环节，然后才说得上歌唱心理与生理状态的配合。声乐是师生面对面地授课，是教学双边活动，即是外因通过内因起作用。关键是学生的主观能动性，即内因起决定作用。教学中必须注意三点：

1. 目标一致，循循善诱。每堂课要达到的目标明确，让师生心情舒畅，精神振奋，富于想象。歌唱时要求学生肩、颈、喉保持松弛状态，学生不要有任何紧张情绪。这样，歌声就会是理想的歌声。

2. 启发学生的潜在的主观能动意识。歌唱发声练习中，最重要的一环是启发学生自己回忆老师讲的歌唱中的吸气状态、呼气状态，歌唱时口咽腔、喉咽腔、软腭、内口盖、前口盖，应成什么状态，让学生说出来。在发声练习中，真正达到各部位的状态要求，这就需要在实践中，发挥学生的主观能动作用。

3. 在歌唱的意境想象中培养学生的逻辑思维能力。声乐学科和其他学科一样，在歌唱中，要让学生从文学角度，充分发挥歌曲意境及歌曲的韵律感的作用。善于想象、富于想象，符合逻辑地举一反三地想象，对表达歌曲主题，会产生不可估量的作用。以上三个问题基本解决后，歌唱的生理状态与心理状态的配合就算比较好了。

声乐教学中，一般先进行气息练习：如闻花、打呵欠、喘气、急吸缓呼、缓吸缓呼。结合练声曲发声练习模拟自然界各种音响效果，结合歌曲进行综合性技巧训练。进入技巧训练时，必须强调保持半呵欠状态吸气，喉结下降位置，喉咽腔前后扩张，气沉丹田，小腹外鼓。对共鸣系统需注意提高软腭、抬高内口盖、小舌悬空，前口盖自然形成拱形。口咽腔、头腔、胸腔是管道式共振体。关键在于共鸣系统都形成歌唱的最佳状态后，换气时，需把小腹和腰间彻底下沉和向四周松开，对连续歌唱气息更充足。唱者还需根据歌曲音量大小，以及想象中的声音特色，腹腰部要与共鸣系统配合控制气息量，从而控制歌声的强弱特色。在此间，必须意识到，小腹是箭把，眉心是箭头，小腹一动，声音响在眉心，一支箭的感觉。腹腰部的力量大小，决定眉心音量强弱。做到了这一点，歌声中的喉音、挤压声、尖叫、喊唱都不存在了。这时切忌肩、颈、喉紧张，只有自然松开肩颈喉，腹腰两肋控制有序，歌声就会流畅圆满。

声乐教学中，亦常碰见这样的情况：学生在发声练习中，气息正常，在唱歌中，气息不足。分析其原因是，有的学生提高内口盖不自然，感到内口紧绷绷的，前口盖并未形成自然拱形，换气时，气未沉入丹田，反而觉得腹部有一种吊着的负担，造成歌唱中气息不足，就用喉头帮忙。这时就不能把一首歌唱下去。老师应针对某一句难点，让学生反复实践，把气大胆换完，小腹彻底甩下去，腰间两肋同时松开，然后再唱下句，自然收缩小腹，气息就很充足了。有时学生歌声总有靠后或者声音不亮，原因之一是前口盖向上成拱不到位，原因之二是声音没有沿口盖向上向前唱，原因之三是小腹向上托的力量不足。这里必须强调的是劳动节奏的气息。中国唱法中，老一代歌唱家强调：字咬在门牙儿齿尖尖儿上，吐在嘴皮子边边儿上。照这种方法，字音沿口边向上靠前去唱，就会出现流畅而明亮的高位置声音。

声乐教学中，也有这样的情况：学生掌握一定方法后，可以唱，但歌声呆板、平淡、乏味。分析其原因，一是学生的文学修养太差，二是有的学生心理状态不佳，不动脑筋，缺乏对歌曲的分析，对歌曲的内在想象力差，思维方式太单一，不能实现与歌唱生理状态有机配合。例如，一个学生在唱《三峡情》时，多次演唱都是呆板乏味的样子。这时，老师启发他：你唱这支歌时，就不要把自己看成是一个单纯的学生，应把你想象成三峡的船工，或者从小在三峡长大，而今在外工作，突然回到故乡考察，看到如今三峡的美景，回想从儿时到今天，三峡的突变，你的心境有何感想？通过这番话的启示，再指导学生唱这支歌，学生的眼神、体态、声音、表情都发生了一个飞跃，真正做到了发自内心的情感表达，体现了歌唱的情景交融，以情促声，以声带情，声情并茂的良好效果。

岁月如歌

团队工作的"危险年龄"关

◇蒲天德

近几年，青少年违法犯罪已成为一个日趋突出的社会问题。其中12～14岁的少年犯罪，更引起了人们的特别关注。

据阆中县公安部门初步调查，1985年全县14岁以下的少年犯罪，占犯罪成员总数的9.7％，1986年则占14.3％，其中70％以上又是在校的初中学生和小学高年级学生。这触目惊心的事实告诉人们：12岁到14岁，是少年容易走上犯罪道路的年龄，是国内外许多专家、学者结合少年犯罪的实际，从心理学、犯罪心理学和犯罪学角度上总结出来的"危险年龄"期。学校团队组织要把好这个"危险年龄"关。

为什么12岁到14岁少年容易违法犯罪呢？这要从少年在这一年龄阶段的认识特征、感情特征、行为特征等方面来回答问题。心理学研究的大量数据表明，这一阶段年龄的少年，往往通过自己的感情认识来判断事物的是非、美丑。因此，他们这种低级的认识能力，极易受外界的影响。例如，他们中不少人受腐朽没落的资产阶级意识的影响，就认为"享乐是与生俱来的权利"，说什么"人生在世，吃穿二字"、"年少不乐，人生白过"。因而，他们容易滋长好逸恶劳的思想，学习上怕苦怕难，生活上追求享受，把吃好、穿好、耍好看做是人生的快乐。这个时期如果少先队缺乏有针对性的、适合少年特点的活动，缺乏正确的引导，这一阶段的少年就极易受不健康意识的影响，被坏习气熏染，甚至被坏人利用，误入歧途。

危险期少年的情绪极不稳定，他们内分泌旺盛，高级神经活动及情绪的兴奋性、反应性强，心境更替急剧。因此，感情一旦被挑动，就十分冲动，难以控制自己的激情，常常不计后果，干出遗憾终身的事来。这就是为什么有些少年犯罪案比成年犯罪案更凶狠、更残暴的原因。

危险期少年的行为，很少深思熟虑，往往在一些外界因素的引诱下，直接引起某种欲念，一时冲动，就开始行动。因此从动机的产生到行为的发生，时间极短。有的甚至在铸成大错后仍不后悔，"破罐子破摔"。此外，在行为上，危险期少年具有合群性的特征（社会心理学称次文化群体）。他们受不健康书报、录像的影响，效法奇侠武艺，鼓吹江湖义气，常常合伙从事一些危害社会治安的违法活动。如酗酒、赌博、斗殴、盗窃、流氓等。如不及时制止，最终必然堕落成犯罪团伙。

然而，如果善于掌握少年危险期，恰恰也是少年的最佳教育期。

1985 年，我校初中一、二年级学生违法及涉嫌犯罪 21 人，占全校少年总数的 6%，1986 年增加到 39 人，占在校少年总数的 10.1%。1987 年上期，我们在调查研究的基础上，针对少年心理、生理诸方面特点，坚持正面教育，启迪自我意识，寓教育于各科教学和丰富多彩的活动之中，配合家庭、社会，实行综合治理，1988 年，我校少年违法人数仅占少年总数的 3.2%，收到了较好的效果。其做法是：

——针对少年违法犯罪是因为不懂法的情况，我们采取了：

1. 增加法律常识课的内容和课时。

2. 请政法部门的同志到学校讲课。

3. 通过板报、队报、广播有针对性地宣传法律知识，组织学生参加法律知识竞赛。

4. 运用少年中的正反典型事例教育少年。

5. 举办有关图片、实物展览。

6. 带领学生参加县城召开的公判大会，会后座谈，分析典型案例。

7. 组织学生调查、采访失足少年的违法过程，写出调查文章。

——针对少年违法犯罪是因为看了不健康的书报、录像的情况，我们采取了：

1. 运用各种宣传工具广泛宣传读好书的益处，读坏书的危害。

2. 办好图书室，建立健全中队（班）图书角，从各方面满足学生的课外阅读需要。

3. 发动学生订阅报刊，组织读书、读报，写读后感，谈读书心得体会。

4. 举办讲演比赛、书画展览、文艺会演、球类比赛，开展丰富多彩的课外活动，搞好第二课堂教学，用健康的文体活动占领少年课余阵地。

5. 组织观看电视、电影，开展影视评论。

6. 在正面教育、启发诱导的同时，学校作出"不准传抄、阅读淫秽书刊，不准看不健康的录像，不准赌博，不准吸烟酗酒，不准谈情说爱"的"五不准"规定，实行"以疏为主，疏堵并举"的办法。

——针对部分少年早恋和少数学生侮辱女同学的情况，我们通过班会、中队主题活动、家长会等各种形式宣传早恋的危害。与此同时，改变旧观念，积极、慎重、主动地开展青春期教育。破"性知识无师自通，自然知道论"，结合"生理卫生"、"人口教育"课恰当地进行性生理教育；破"性教育诱发论"（担心性知识传授会起暗示诱发作用），组织学生学习《中学生守则》，加强品德、法制教育，让学生懂得尊重他人，遵纪守法，是做人的根本。破"封闭保险论"，让学生在开放的环境中自尊、自重、自省、自律，健康地成长。

事实证明，只要不是单纯传授性知识，而是把性生理、性道德、性法制的教育很好地结合起来，就能引导学生正确处理男女之间的问题，增强"免疫力"，激发他们奋发向上，做合格中学生。

首先，工作实践和我们调查的许多材料证明，少年的最佳教育期，也是少年的心理特征所决定的。12岁至14岁的少年，他们的世界观、人生观等正处在开始形成阶段，个性心理特征、性意识开始萌发。此时此刻，如果少先队组织能配合家庭、社会针对少年特点进行教育，积极引导，就可能使他们在可塑性最大的时候，形成正确的世界观和道德意识，完善个性心理品质。如果放弃这个时机，等到高中、大学阶段道德品质基本形成的青年时期再教育、引导，就不易收到好的效果了。

其次，还要注意对已有违法犯罪心理先兆的少年进行教育。一般说来，少年在违法犯罪前，都有一些不正常的心理表现，如野蛮粗暴，对物质的畸形追求，喜欢看淫秽书刊、结交有劣迹的朋友等，这些不正常的心理表现虽然和违法犯罪没有必然的因果联系，但是却有可能是违法犯罪的心理先兆。如果我们对有违法犯罪心理先兆的少年，采取预防措施，就能起到预防犯罪的作用。

最后，不同群体的少年，具有不同的最佳教育期，如先进少年、后进少年、违法犯罪少年，他们的心理特征都不一样，因此最佳教育期是不同的。针对不同的对象，找到最佳教育期，便能实施最有效的教育。

团队工作一定要注意把好"危险年龄"这个关。

岁月如歌

艺体实验推进素质教育上台阶

◇何守章

学校的音乐、体育教学是美育、体育的主要内容，是全面育人，提高教学质量的主要途径。它是全面推进素质教育的切入点，对学生高尚情操的陶冶、良好道德品质的形成、智力的开发、创新能力的培养、健康水平的提高起着不可估量的促进作用，具有促进学校科学管理、转变教师教育观念、面向全体全面育人、提高教学水平和学生创新能力的功能。因此，抓好艺体教育，培养面向 21 世纪新型人才有着十分重要的意义。

一、各科教学渗透美育教育，提高审美能力

美育的基本任务是培养学生的审美观，使他们具有感觉美、鉴赏美和创造美的能力。陶冶学生审美情操，无疑也是美育的基本任务之一。在音乐教学中，充分挖掘教材的基础知识，教师通过讲故事，引导学生分析歌词，达到审美教育。在美术教学中，坚持以情施教的原则，运用情感手段来发掘教学中的美的因素，达到寓美于情，以情育美的效果。教师通过发挥教学内容、方法手段、器具（包括幻灯、录像、多媒体）以及教学环境、教师语言、板书、教态、仪表等方面的美的因素，不断给学生以高尚的美感体验，陶冶学生审美情操，满足其对美的需要。在语文教学中，通过生动、形象的语言描绘，创设意境、构建图案，给学生以美的感染、美的想象、美的享受、美的追求、美的创造。学生阅读优秀的文学作品，特别是民间故事、谜语、童话、寓言、诗歌、短篇小说，能获得丰富的知识，受到情绪感染，逐步具有区别真、善、美、丑的能力。在数学教学中，坚持理论和实践相结合的原则，寓美育于实践操作之中，在教面积测量和制作统计图时，让学生走出课堂，到大自然中去，进行实际操作，发展创造力，得到创造美的体验。在思品教学中，通过参观、访问、研究调查、观看爱国主义教育影片，使学生感受和鉴别生活中的美与丑，体验劳动人民和英雄模范人物的思想感情美，体验社会主义建设和社会生活的美。在德育教育中，培养学生的审美情趣和习惯，例如，观看抗洪救灾的影片，学生的心中激起对解放军、武警官兵的崇敬之情。

二、艺体优势培养了学生的创新精神

我校的艺体教改实验，驱动着各科教学的改革和发展，逐步构建起需求——激励的学习动力机制，使学生由接受性学习变为参与性学习，由被动性学习变为自主性学习，由机械性学习变为创造性学习，开展丰富多彩的文体活动，引导学生主动参与，努力培养学生的创新意识。

艺体实验开发了学生右脑，使学生勤思考，会动手操作，勇于创新，联系农村生产和生活实际，搞出小发明、小创造的科技模型。社会实践激发和增强了学生爱科学、学科学、用科学的兴趣和能力。

三、艺体实验促进了学生德智体全面发展

艺体教育是学生全面发展的重要组成部分，它有助于学生养成良好的品德、造就美好心灵，深刻认识社会、认识人生，使他们精神生活丰富、道德情操高尚。艺体本身就具有陶冶的功能，通过教唱歌曲，分析歌词的含义，耳濡目染、潜移默化地受到爱国主义的教育。同时，艺体熏陶，促进了良好习惯的养成，学习习惯、文明礼貌习惯、卫生习惯、生活习惯、劳动习惯是在教育、培养、继承的环节中逐步形成的，它是学生精神面貌的反映，是教书育人、环境育人的结果。

艺体教育促进了智育的发展，可以使抽象思维和形象思维相互渗透，从两个方面认识事物，充分发挥人脑两个半球的功能，比之只用其中的任何一种方式都要优越得多。艺体实验班由于艺体课程和开展的活动是课程计划规定教学时数的两倍，不但没有影响学生的学业成绩，相反，语文、数学成绩比对比班要高得多。

总之，艺体教育是教育培养学生促进全面发展的独特方式。一个学生从家庭到学校、到社会，时时处处都要经受德、智、体、美、劳等各方面的影响和教育，它们相互渗透、相互补充，但不能相互代替。

四、艺体实验促进学校管理步入了科学化的轨道

艺体教改实验的实践，揭示了一个道理：推进素质教育是教育改革和发展的教育模式，加强管理、科研兴教、依法治教，转变教育观念是把素质教育落到实处的保证。

1. 教育思想管理。素质教育的实质是以提高国民素质为目标，以促进全体学生德、智、体、美、劳全面发展为宗旨的教育，即面向全体学生，全体学生都得到全面发展。（1）扭转为升学育才的人才观。要在正确人才观的指引下，创造良好的教育模式和环境，全面提高学生的素质，使其潜在能力得以充分发挥，能在不同领域和不同层次上获得成就，成为有益于社会的有用之才。（2）树立以学生素质的全面提高为质量、效益评价为准绳的质量观，扭转以分数量学生，以升学率论效益的质量观。基础教育是提高国民素质的奠基工程，基本任务就是要为人的发展打好基础，这个基础不仅包括高尚的思想道德、健康的审美情趣、现代文明意识和良好的身心素质，同时还包括获取新知识的能力、解决实际问题的能力等。如果只是用分数高低作为衡量学生优劣的唯一标准，就会把学生引入只会死记硬背书本知识的歧途，就达不到每个学生素质得以最优发展的目的。（3）要树立面向全体学生，对每一个学生负

责，培养创新精神的育人观，扭转将教育仅仅局限于选拔和淘汰、只对少数学生负责的育人观。坚持"教育机会人人均等"的原则。平等地尊重每一个学生，在面向全体学生的基础上大面积提高教育质量。在教学中鼓励和引导学生独立思想，勇于提出自己的见解，能向教师提出很多问题，引导学生参加学校的各项活动，鼓励学生参加社会实践活动，充分发挥学生创造性潜在能力。（4）树立教会学生学习的教学观。21世纪的文盲不是不识字的人，而是不会学习的人。我们必须指导学生会学习，使他们主动地学、积极地学、创造性地学。让学生不仅学习知识，而且更要学会自学，会查工具书，学会分析对比、归纳判断等逻辑思维，将知识学说化、条理化。

2. 教学常规管理。（1）认真备课。每期我校教师能严格按照教学计划和教学常规备课，做到有教材、有教法、有学法，目标明确具体、全面，能体现双基，有重点、难点、关键，项目齐全，过程详略得当，适用性强，各科教案都有学期计划和进度，同时学校对各科教案，每学月查一次，严格按照常规项目考核、量化、评分定等，评出优秀，给予表彰；对不备、少备或备课差的现象，严肃处理。（2）强化课堂教学。课堂教学是实施素质教育的主渠道，是提高教学质量的关键。我校教师上课大多数废除了注入式、满堂灌，启发式教学被大多数教师掌握，能体现三为主原则，做到目标明确、重点突出、难点突破、语言精练、板书科学、结构合理、文明施教、恰当使用电教媒体，使课堂教学真正发挥教书育人、培能启智作用。（3）作业布置及批改。作业批改及时、准确，单科单班全批全改，双科或双班各批改50%，作文一个单元一个，且全批全改，做好记载，并以教师批改为主。（4）制定并落实辅导目标，提高辅导效果。根据各班学生实际，制定培优辅差目标和各阶段具体内容，保证辅导时间，因材施教方法灵活多样，加强辅导的针对性和目的性，提高辅导效果。（5）正确考查和评定学生成绩。"单目"是衡量教学工作得失的一个标准，各单元结束及时进行检测，认真评阅，及时进行补救，同时改进考查方法，注重知识、能力考查，通过考查，达到改进教学，提高质量的目的。

为使教学常规真正落到实处，学校坚持教学常规检查制度，定期检查和随时抽查相结合，每月检查一次，把执行情况与岗位津贴挂钩，月月奖惩兑现。

3. 教育科研管理。首先是成立教研机构，落实管理人员，学习教育理论，树立科研兴校意识；确立研究目标，落实教研课题，营造科研氛围，形成人人参与、大抓教研教改的热潮，其管理程序为"教育理论学习→确立课题→落实主研人员→开题论证→组织实施→资料收集→检测研讨→论文撰写→成果展示→课题终审"。学校拟定了《教育科研管理条例》，设置教育科研奖、论文发表奖、教学竞赛奖、优质课奖、学生习作奖，保证了教育教学改革的顺利进行。其次是开展三课竞赛，即达标课、优质课、示范课，优化课堂教学结构，提高课堂教学水平。

《催化剂》学习误区剖析

◇张必祥

一、实验室加热 $KClO_3$ 制 O_2，若不加入 MnO_2，$KClO_3$ 就不分解了。

剖析：实验证明，对 $KClO_3$ 持续加热，高温熔化后也能缓慢放出 O_2，但反应慢、费时长、耗能多。而加入 MnO_2 后使 $KClO_3$，$KClO_3$ 分解速度加快，起到了催化剂的作用。故不能说加入 MnO_2、$KClO_3$ 就不能分解了。

二、实验室加热 $KClO_3$ 制 O_2，加入 MnO_2 后，可使产生的氧气质量增多。

剖析：催化剂在化学反应前后，质量和化学性质都不改变，即催化剂这种物质没有改变。MnO_2 在 $KClO_3$ 分解反应里做催化剂，只是加快了 $KClO_3$ 分解速率，而它并没有分解出 O_2，生成的 O_2 仍是 $KClO_3$ 分解的产物。因此只要 $KClO_3$ 的质量一定，则生成 O_2 的质量不会因 MnO_2 的加入而增多。

三、MnO_2 可作任何反应的催化剂。

剖析：催化剂有选择性，即每个催化反应里都有独特的催化剂，不同的反应需选不同的催化剂（如工业上合成氨则用铁粉做催化剂）。MnO_2 在 $KClO_3$ 分解反应里起催化作用，而对其他反应则不一定有效，故不能作任何反应的催化剂。

四、MnO_2是加热$KClO_3$制O_2唯一的催化剂。

剖析：对某一反应而言，催化剂并非一种，可能有多种，而其中一种是最优催化剂。在加热$KClO_3$制O_2的反应中，除MnO_2外，食盐、氧化铁、氧化镁等物质也可作催化剂，不过MnO_2的效果最好。故MnO_2不是加热$KClO_3$制O_2的唯一催化剂。

五、实验室加热$KClO_3$制O_2，可用$KMnO_4$代替MnO_2作催化剂。

剖析：$KMnO_4$在较低温度下能迅速分解生成O_2的同时生成MnO_2，生成的MnO_2又能导致$KClO_3$迅速分解，故适量的$KMnO_4$可代替MnO_2使$KClO_3$分解加快，但$KMnO_4$不是催化剂。因为反应后$KMnO_4$已不存在，生成的锰酸钾和MnO_2与反应前$KMnO_4$的质量和化学性质都不相同，所以$KMnO_4$分解的产物——MnO_2才是该反应的催化剂，因此该说法不正确。

六、催化剂的作用就是加快反应速率。

剖析：不正确。催化剂的作用是改变其他物质的化学反应速率。"改变"包括加快和减慢。能加快反应速率的叫正催化剂。如MnO_2能加快$KClO_3$分解速率，故它是正催化剂。能减慢反应速率的是负催化剂。如防止塑料老化而加入的防老化剂和防止食物变质而加入的防腐剂等都是负催化剂，它们能减慢化学反应速率。

七、催化剂在化学反应前后质量和性质都不变。

剖析：不正确。催化剂在化学反应前后化学性质不变，但不能笼统说成性质不变。因为物质性质包括物理性质和化学性质，而催化剂的物理性质（如颗粒大小）在化学反应前后是要改变的。

八、催化剂在化学反应过程中不变。

剖析：不正确。催化剂本身的质量和化学性质在化学反应前后保持不变，但在反应过程中是要改变的，即催化剂一定要参加反应，生成中间产物，再变成生成物和催化剂，只不过反应过程中消耗多少催化剂，最后仍然产生多少。

九、任何反应都离不开催化剂。

剖析：不正确。催化剂不是化学反应发生的必要条件。加催化剂的反应，在没有催化剂的情况下也能进行。如 $KClO_3$ 受热不加催化剂也能分解出 O_2，只不过进行得缓慢。

十、催化剂又都叫做触媒。

剖析：当反应物是气体，催化剂为固体时，这种催化剂可称为触媒。如用 N_2 和 H_2 合成氨时铁可称为触媒。而在 $KClO_3$ 分解反应里，MnO_2 是催化剂但不能称为触媒。

惯性、 惯性现象和惯性定律

◇马德先

　　自然界的一切物体都具有这样的基本性质：运动的物体要保持匀速直线状态的性质。静止的物体要保持静止状态的性质，物体的这种性质叫做惯性。

　　惯性是物体固有的属性。物体在作机械运动或处于静止状态，物体都具有惯性，也就是说，不论物体在什么地方和什么时候，也不论物体的大小怎样，物体总是具有惯性。所以，恩格斯说："力学，出发点是惯性……"

　　物体的惯性现象是在人们生活中经常遇到的现象，例如，静止在地面的足球，人用力踢一脚后，虽然踢球的力解除了，但足球却继续运动；脚被石块一绊，由于上身要保持原来的运动状态不变，就要向前摔倒；坐在未开动的汽车上的人，当汽车突然开动时，人要保持原来的静止状态而后倒。这些都是表现物体的惯性现象。人们对客观事物认识的加深，把一切物体具有惯性的一些感性知识，总结概括上升为理性认识，科学家便得到了这样的规律：一切物体在没有受到外力的时候，总保持匀速直线运动或静止状态，这就是牛顿第一定律。

　　牛顿第一运动定律，也常叫惯性定律。惯性、惯性现象和惯性定律三者之间有一定的区别：惯性是物体的固有属性，跟物体是否受外力没有关系；惯性现象是物体的惯性在一定条件下的表现，而惯性定律则同其他定律一样，是大量事实的根据，是反映在一定条件下物体运动的客观规律。它们之间有一定的联系，因为物体在不受外力作用时就按惯性运动，就保持原来的运动状态不变或静止状态不变。

　　牛顿第一定律虽然不能直接用实验证明，但由牛顿第一定律导出的一切结论都与实验结果相符合，与实验结果近似，这就间接地证明了第一定律的正确性。例如，气垫导轨实验，运动物体—滑块在光滑水平方向可以近似地作水平匀速运动。随着科学实验的发展，牛顿第一定律将能得到更加严密的证明。

岁月如歌

五、古韵新声

中国是诗词大国。屈原、李白、杜甫、白居易、苏轼、陆游、辛弃疾、李清照……这些备受爱戴和崇敬的名字，在人类文明的天幕上，已经定格为一颗颗照耀古今的日月星辰。阆中作为全国历史文化名城、世界风水古城，人杰地灵，诗性盎然。默默躬耕于阆苑教坛的他们，或以古韵低吟，或以新声浅唱，抒发他们对社会的审视、对人生的感悟以及闲适生活中的别样情致……

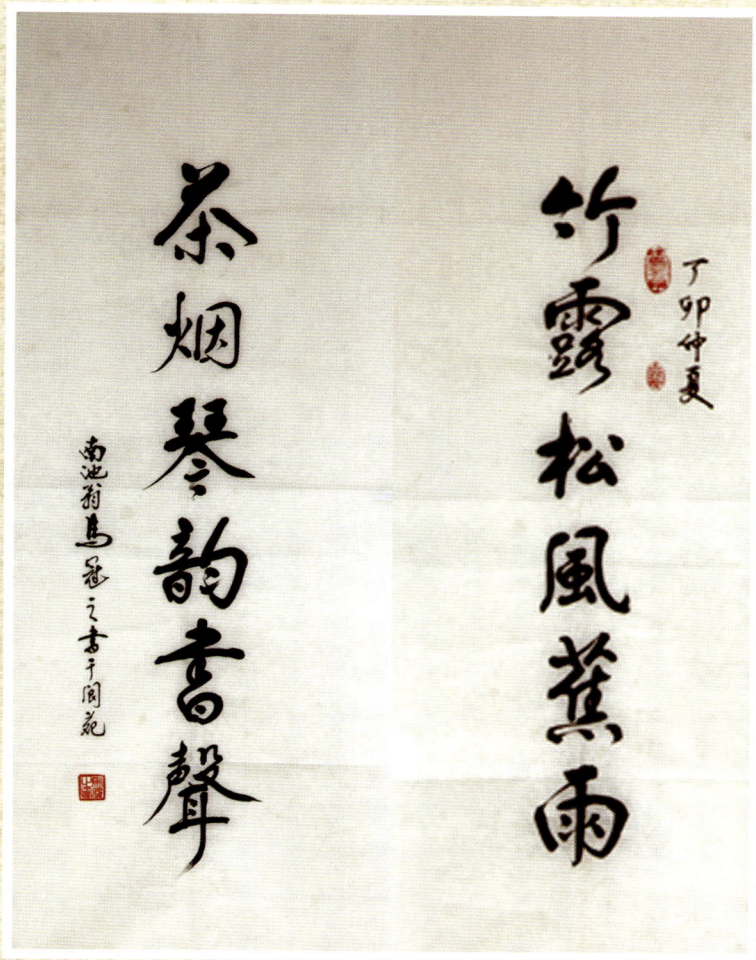

书法　马冠之

岁月如歌

秋 辛卯年八月
和林写

国画 刘和林

杨林由：诗四首

乙酉中秋逢"九一八"国耻日

三千万众亡家国，七十四年犹泪潸。
又见东瀛妖雾起，何心遥看月团圆！

戈壁滩风力发电

沙砾茫茫一望中，黄云漠漠四垂空。
莫嫌戈壁百无用，地下油田地上风。

吐鲁番红柳

朔天八月乱飞沙，玉立亭亭自著花。
憔悴汉南堤上柳，柔条无奈倚风斜！

大　雾

不见群山真面目，不闻堤上鸟啾啾。
浓云迷雾封不住，滚滚嘉陵伏地流！

王义超：诗四首

先师孔子

邃古贤哲多渺茫，生民至圣尼丘香。
人伦道德教无类，日月不老流水长。

丁丑人日偶成

深知百年负流光，每忆平生总回肠。
为珍余阳恒夜作，欲弥素怀头已霜。
亲故多就泉台道，建校何期近黄粱。
尘间贪腐早风靡，黎庶犹自盼小康。

群力中学新址建校开工有感

十年求建校，今朝得开工。
暂得遂宿愿，深感沐春风。
回顾旧历程，瘴疠何重重。
展望新征途，但希望畅通。
百年广树人，琼瑶满阆中。

校园即景

一夜东风万柳青，迟迟朝日暖人心。

柔条绿浪婆娑舞，琴韵书声自在吟。

岁
月
如
歌

安天均：诗词三首

无　题

一年两度蓉城游，前度春风后度秋。

芳草有情难系马，好云无处不遮楼。

山将别恨和泪断，水带离声入梦流。

往事依稀难回首，淡烟垂柳锁名州。

踏莎行·怀妻

随水桃花，离弦飞箭，今生无处能相见。长江纵使向西流，也难淘尽千年怨。　　盟誓难忘，情缘难断，愿魂化作衔泥燕。年年春日总归来，客堂出案能晤面。

夜　读

寂寥长夜一灯残，展卷浑忘料峭寒。

一代英名余惋叹，百重金粉尽阑珊。

诗怀有盆哭中写，青史无情笑里看，

凤舞莺鸣鸡犬闹，谐和安处地天宽。

吴西城：诗二首

春游桃花山

陌上桃花映日明，仕女童叟动春情。

垄头新桃偷面色，池边嫩柳学身轻。

花中蜂蝶翩翩舞，枝上流莺呖呖声。

争知云外摇红落，江山骄丽总关情。

锦屏春晴晚眺

淡月轻寒笼长河，绿暗红稀任婆娑。

雨后燕子归来晚，风过梨花落魄多。

柳岸长桥通古道，深山古寺入烟萝。

云开树杪江堤白，渔火轻舟送碧波。

张星辅：诗词三首

南乡子

"孔子 2550 诞辰国际儒学联合会"在京召开志感

经济转型期，人欲横流逐利时。济世为民心丧尽，危机。何术方能挽救之？

孔子圣贤师，爱众亲仁信义慈。儒学渊深篆学习，珍奇！华夏万应纵马驰。

八旬自寿

寒苦山乡一少年，亦耕亦读度时艰。

三春群运苦中乐，州载舌耕酸亦甜。

授业才疏勤补拙，树人识浅爱为先。

一生随遇平庸过，惟喜新松上吻天。

满庭芳·教师节参加教委座谈

云淡天高，秋风送爽。喜迎佳节来临。同仁欢聚，执手倍相亲。

畅叙兴文苦乐，坦荡荡，置腹推心。皆翘首，黉宫溢彩，莛辈出精英。

欣欣，逢党代，月圆"十五"，大会京门。

共议兴邦计，虑远谋深。制定英则决策，振纲纪，源远流清。

朝晖里，花明柳暗，戏蝶舞流莺。

周道濂：诗一首

阆中滨江路改建工程落成览景抒怀

阆中城周滨江路，绕城三面临江滨。

三面环水四面山，山环水抱自天成。

为使大道臻完美，改造工程热气腾。

昔日河滩变通途，防洪休闲多功能。

从此车辆绕城过，避开闹市不扰民。

路面平坦四在道，来往车辆保安宁。

古时西门筑河堤，防洪减灾民忧心。

镇水神兽犀牛石，犹卧长堤留至今。

鱼翅公园凭吊古，停足小憩读碑文。

清末道台黎学锦，兴修水利惠万民。

河堤筑成类鱼翅，巧夺天工传美名。

而今我谓黎道台，今日工程胜古人。

高坝长堤执恢弘，洪水肆虐心不惊。

人说江堤不是堤，花团锦簇似园林。

市民休闲好去处，再造阆苑神仙境。

春看杨柳婆娑姿，夏避濡暑藏竹林。

金秋八月桂花香，斗雪傲霜梅芳芬。

酒店茶肆巧装修，亭榭长廊泛古韵。

游人如织笑语喧，闲庭信步览风景。

老人亭中并排坐，闲话家常细品茗。

儿童嬉戏互追逐，穿林过篱兴未尽。

青年男女放声唱，歌声悠扬绕林荫。

广场在跳交谊舞，轻歌曼舞好强身。

我今细说滨江路，赞歌唱罢扪心问。

幸福生活哪里来，吃水不忘掘井人。

感谢政府感谢党，泽被民生荫子孙。

侯兴国：诗三首

游三峡抒怀

瞿塘增雄苍穹低，巫峡添秀神女近。

高闸扼锁西陵水，大坝托举东巴云。

连山巍巍缀古道，平湖森森映新城。

钢架牵线走千里，电光闪亮暖万民。

在荆州抗洪亭前

秋水西风拍岸齐，洪魔眈眈视楚荆。

关公难平惊天浪，大军筑起铁长城。

血染黄土堵溢漏，肩担道义卫生灵。

三十壮士埋忠骨，游人泪湿抗洪亭。

赤壁古战场情思

曹魏挥师下江南，孙刘联手破敌兵。

都督惜无长江量，孔明胸有万座城。

结友何须用心计，怜才理应让三分。

人间争斗何时了，难得知己一片诚。

毛明文：诗三首

退休感怀

舌耕笔种卅八春，呕心沥血百花芬。
勾勾叉叉指差距，字字句句注激情。
勤爬书山觅宝玉，遨游学海求真经。
宏图四化添异彩，华夏腾飞献微勋！

江南春游

雨润枝头催百卉，众花未觉独芳菲。
落红休怨东风恶，怕惹旁人说是非。
城郊茶社路人稀，书本棋牌两相宜。
野花闲草随处好，清酒相伴斜阳西！

梦回母校

形同孤雁入书堂，师契友贤共热肠。
日教夜读思长进，春耕秋植乐耕忙。
寒梅冰雪开灵窍，翠竹高风作锦章。

别梦数度回母校，蚕楼犹存梦魂香。

注：蚕楼，在阆中中学西院，高 57 级住宿处。

邓国泰：诗四首

偶　成

读书不易教书难，著书更非已所堪。
雕龙不成可雕虫，试问涂鸦能几篇？

品　茗

传道授业务耕耘，亦庄亦谐亦品茗。
杯水浸得千山绿，叶沫片片任浮沉。

南窗漫笔

南窗正对东园景，且听书声作涛吟。
凡夫做得千秋业，不枉襟抱慰平生。

敬赠杨林由校长

倾情治名校，授业传至道。
甘作铺路石，妙比红叶桃。

敏笔笼万象，燃犀照百妖。

年纪九旬余，忧民不忧老。

戚永希：诗三首

闲 居

春花秋月易时空，恬退闲居志未穷。
斗室如痴钻故纸，案头若醉凑商宫。
抚琴弄管习神韵，走笔涂鸦练气功。
莫道桑榆垂暮景，闻鸡起舞效英雄。

秋 思

东篱菊开又重阳，雾薄霜浓秋色凉。
入夜寒蛩催绮梦，无边冷月挂穹苍。
人穷休叹形骸瘦，酒浅难消颅上霜。
往事如烟随逝水，行吟遥看雁南翔。

春夜吟

水天一色静无尘，浩涉苍穹冷月轮。
淡淡熏风催绮梦，葱葱佳木秀繁阴。
桃花柳絮江城满，渔火孤村夜幕沉。
莫道人生皆苦短，慢将宏愿醉芳春。

岁月如歌

汤德金：诗二首

教 学 吟

备

芸窗露浸斗星斜，细作精耕种豆瓜。

行尽书山驰倦目，满怀希冀化为霞。

讲

练兵还得运灵机，莫灌满堂填鸭痴。

亮眼双双饥渴甚，甘霖遍洒乐滋滋。

批

莫凭圈点告功成，颗颗童心相印灵。

剪叶修枝忙碌后，喜观花木更鲜明。

辅

某作人梯扶助勤，岂能夺主任喧宾。

创新意识凭开发，园圃朝朝飞彩云。

水 龙 吟

窗前秋月朗，往事忆从容。

独爱松凌雪，不观鸡食虫。

一身无媚骨，两袖尽清风。

捆案诗书画，斯文岂固穷！

岁月如歌

刘先澄：诗词三首

临江仙·东风中学百年校庆

凤翅星台偎学薮，蟠龙泉汇文渊。风流千古治平园。钟灵毓俊秀，世代有鸿篇。

哑弹作钟铭国耻，书声催起群贤。经磨历劫又百年。新风开岁纪，玉笋报春妍。

高阳台·古城阆中

石板长街，幽深古院，秦砖汉瓦唐楼。城似棋盘，山环水绕云兜。醉心流连华光顶，指瑶池、望眼难收。数千年、渊薮人文，盛世名流。

卷帘绘彩花厅扫，复明清风韵，客引五洲。车水马龙，勃兴阆苑仙游。桓侯故事滕王咏，锦屏诗、贡院清讴。更魂萦、巴鼓渝歌，丝被轻裘。

登华光楼

常夸有幸生名郡，辄上华光叹大观。
树掩楼檐花裹户，霞摇江浪锦缠山。

岭南风畅通朱阁，邑外歌吹震画帘。

阆苑如输天下景，吾侪何以报先贤！

岁月如歌

吴杰元：诗词二首

答 友 人

梦断杏坛四十秋，青灯黄卷意为何？

馋煎而立穷桑梓，不惑身惛解沉疴。

积木凤凰涅槃故，行吟屈子苦求谟。

一枝墙外香方里，自古贤才游宦多。

沁园春·救灾
为"五一二"大地震周年纪念而作

躁动潜蛟，地裂天旋，扭断龙山。看峰峦跌次，三川壅塞，阴霾蔽
日，西蜀临渊。横阻交通，电波消逝，残壁哀声哭废垣。鬼神泣，算劫
难惊世，一遇千年！

灾区喷火腾焰，携羽报点燃赤县天。激爱民主席，温慈总理，山呼
海应，挥臂救援。鱼贯战鹰，镖戈铁铲，万马飞兵斗魔顽。待来岁，谢
八方兄妹，宴设家园。

陈继远：诗四首

野老乱谭

风雨何堪泻怨声，老来万事看新晴。
君听灵雀劝何苦，留住青山出世情。
锄犁笔砚老生涯，三径不栽富贵花。
情义最怜桃李重，枝丫伸臂吊丝瓜。

闲　行

剩有豪情漫自夸，青山裁幅换窗纱。
闲行欲学时新样，华发端宜染彩霞。

永希兄望仙楼招饮

座上春风江上鸥，散仙一笑望仙楼。
灵雀劝归君劝酒，不许秋霜染白头。

云雾山行

空濛羽湿鸟叽喳，太古云生梦雨斜。
犬吠遥知人户近，求浆一壶老荫茶。

赵旭昌：诗四首

春游构溪河

江清如镜映春峦，峰戴朝阳珠饰簪。
垂钓老叟傍翠柳，浣衣丽姝荡漪涟。
金沙滩头鹤漫步，绿荇丛中鱼悠闲。
人道桂林景色秀，只因构溪藏深山。

杨家坝"农家乐"小院

临浒依山起小楼，时蔬稻黍自耘收。
阳台新钓鲜鱼炙，游客如云享美馐。

春　瞰

日丽风和踏锦屏，环望四野胜丹青。
桃乡芳华千山艳，油菜花黄一坂金。
塑料棚围蒙古帐，游湖船剪绿绸纹。
喜看路网车流急，农院茶楼尽欢声。

庆祝阆中建市二十周年

斗转星移二十年，阆中变化地翻天。

柏油车路通乡镇，树海农家隐琉檐。

街巷商场多靓品，人民囊袋有余钱。

今朝更喜旅游旺，风水名城天下传！

晁宪峰：诗词四首

升钟水库行

一坝截腰断，千山浸玉田。

曲径穷登览，楫击几回旋。

树绕层巅碧，州连宿鹭闲。

白云幽抱石，绿筱媚清涟。

登剑门关感怀

登高纵目一番新，丽日春风上剑门。

万仞悬崖争入翠，千秋虎帐化为云。

长相思·追求

苦悠悠，乐悠悠，三十五年风雨稠。甘为孺子牛。

朝寻求，暮寻求，教海探珠鬓已秋。新帆催小舟。

清平乐·送别陈继远

留人不住，剩醉鸡栖去，两袖清风尘满路，载得老庄情愫。陌头柳色青青，丝丝缕缕柔情。谁倚绿窗修竹，依依天际霞明。

何廷炳：诗四首

教 师

笔耕舌作抚新苗，沥血呕心体渐消。
身站讲台倾翰墨，手持粉笔架金桥。
一尘不染苦中乐，两袖清风贫也骄。
从教终生无悔意，蚕烛榜样树航标。

锦 屏 山

形如珙玉似马鞍，翠色屏风位苑南。
杜少陵祠藏翰墨，山头岩洞住神仙。

华 光 楼

危楼屹立陵江岸，仰视穿云刺破天。
万种风情俏南苑，英姿起舞彩云间。

春　节

一元复始春先到，水乐山歌冰雪消。

暖日胭红羞露面，柳枝青嫩暗含苞。

亲人喜聚圆席坐，朋友欢交短信捎。

春晚一台辞旧岁，烟花万响入云霄。

伏信德：诗三首

养 生 诀

人生自带长寿丹，不必枉自多吃药；
勤练三宝要坚持，适时进补不贪多。
心情愉悦勤家务，切莫偷懒少劳作；
自信人生一百年，忘却病痛糊涂过。

看电视剧《西游记》有感

取经路上多妖怪，如来观音是后台；
小妖均被棒打死，巨魔受招另安排；
金猴侍佛成正果，从此不到人间来；
妖雾迷漫天地暗，谁能扫清万里埃。

为蟹爪兰题照

枝叶如蟹爪，一叶一枝花；
垂头难玉立，姿态欠婀娜；
繁花似锦帛，朴实雅无华；
悠然蹲阳台，路人翘首夸。

蒲俊川：诗词三首

华光楼晚眺

夕登华光楼，晚风报凉秋。

白塔云上袅，红日江中流。

烟绕江滨树，浪拍南津舟。

斯楼听涛处，烟波一揽收。

阆山阆水诗画屏

飞阁险塔抹微云，清江碧石环古城。

山似凝黛吴公画，城如丹青放翁情。

状元坊匾金灿灿，桓侯祠柏郁森森。

杜老情重诗百首，阆山阆水诗画屏。

踏莎行·西门夜阑

星月交辉，江波拍岸。霓虹幻彩灯璀璨。嘉陵涛静夜风微，食摊客稀人先散。　　竹影婆娑，情侣缱绻。风姿绰约双飞燕。如痴若醉夜温馨，当窗斜月花枝乱。

杜子兴：诗三首

蟠 龙 山

神门关后蟠龙山，形神酷似龙蜿蜒。
山逢崔嵬即龙首，鳞身逶迤至江边。
远望纱帐白是雾，近看层林绿如蓝。
长啸峰顶惊云雀，放眼阆苑意陶然。

去 庐 山

迎面葱茏四百旋，客车逶迤悬崖边。
遍山红花如炉火，长空白云绕山巅。
随众下车赏亭榭，乘兴登高抚松岩。
庐山虽已万万岁，夕阳不如何须叹。

过仙人洞

仙人洞中吕洞宾，高坐似笑敬香人。
穿红着绿人济济，烧纸蒸烛烟沉沉，
我这神仙赖工匠，你那膜拜何虔诚。
与其无益献纸烛，盍将钱物救贫困。

薛秉钧：诗一首

夕阳风雨人

日暮夕阳时无情，凄风楚雨愁煞人。

何人长生终不老，何处没有雨风声。

老骥伏枥志千里，烈士暮年不已心。

勿言夕阳黄昏近，更有余晖照乾坤。

蔡廷强：诗一首

党旗下的思索

风雨兼程九十春，乾坤再造赖忠魂。

镰刀斧头昭日月，华夏子嗣祭英灵。

巨人腾飞睡狮醒，神州大地万象新。

科学发展谱新曲，共创和谐乐太平。

岳启勋：诗一首

向共产党致敬

南湖红船上，诞生共产党。

北斗曜黎明，星火燃希望。

赤心怀天下，为民求解放。

南昌举义事，工农有武装。

乡村围城市，辗转上井冈。

长征到陕北，抗日图救亡。

擎缨缚苍龙，打败小东洋。

天兵征腐恶，王朝倾覆殇。

人民共和国，屹立在东方。

天地开新宇，人间慨而慷。

艰苦创伟业，自力兴家邦。

"两弹"冲云霄，"一星"翱穹苍。

挺身反霸权，崛起不称王。

峥嵘九十载，伟绩谱华章！

王锡元：诗三首

咏"闲"

年轻有为不嫌烦，年老不为而烦闲。

休提当年拾荒苦，无为无聊不怡然。

孟德尚壮千里志，廉颇挥须强请战。

老夫聊发少年狂，敢与青壮论长短。

登华光楼

华光高宇耸江边，登楼直上彩云间。

四围青山列锦屏，一泓碧水绕城环。

吴翁钟情嘉陵秀，阆山阆水入画卷。

天仙惊羡人间美，凡人享乐当思源。

午 休

身居高楼不出门，逃却喧嚣躲凡尘。

七尺眠床梦蝴蝶，五成瞌睡三成醒。

金易：诗二首

花甲生日自嘲

漫漫长路多坎坷，悠悠岁月犹蹉跎。

疲牛拉车驴推磨，馁夫荷重爬高坡。

漏船溯逆过险滩，风刀霜剑逼嘉禾。

却喜桑榆霞满天，苍山碧水映日落。

宿蔡家嘴老屋

情意绵绵返故园，春夜漫漫寝无眠。

寻寻觅觅当年事，怏怏楚楚独怅然。

飞鸟依依恋旧林，游鱼眷眷思故渊。

披衣启窗望残月，遥闻空山啼杜鹃。

何大孔：诗三首

孙 儿 乐

孙儿可气又可爱，气在调皮爱在乖。

稚声甜甜常在耳，撒娇黏人不离怀。

百事好奇问不够，万物新鲜总爱猜。

绕膝常闻开心笑，乐享天伦喜满怀。

夏日偶得

细雨如烟罩远山，近树低花亦浑然。

指却荣枯功利事，把卷寻趣鸟声喧。

退休有感

三十八年路坎坷，历经艰辛受尽磨。

不悔许身教孺子，也曾率众奏凯歌。

位卑不忘为师表，家贫未思涉贪河。

清风两袖田园去，闲看花开与花落。

罗光远：诗四首

自 慰

教坛耕耘四十春，黑发变成白发人。
喜看后辈胜前辈，心甜意悦度余生。

赴蓉治病

抱病赴蓉城，临江思嘉陵。
空有伏枥志，天不顺人心。
遥念兰畹事，夜夜入梦魂。
祈求神保佑，病愈归校门。

夏日抒怀

尘海茫茫无尽头，荣辱悲欢弹指休。
淡泊始悟唯糊涂，宁静独喜书中游。

题桃花节

深山红霞遍地青，少男倩女竞觅春。

岭上岭下人如织，童稚翁妪乐津津。

赵宪章：诗三首

颂上海世博

五洲四海聚申城，异品奇珍显俊英。
天下群芳何向往，世博精神快扬鞿。

警告侵略者

耀武扬威是草包，魅魑魍魉众国魈。
邻邦与予倾心动，叱咤风云系我朝。

共　勉

一江水系长相处，花甲门生遍九州。
福地无须花月下，共同奋斗写春秋。

马冠之：诗一首

退休归真

笃志诗书闲种花，茶余饭后学涂鸦；

纤尘不染羞名利，情寄田园话桑麻。

王德全：词一首

鹧鸪天·燕山桥

远方白云飘际天涯，
家乡峨岭漫烟霞；
河边翠柳鸣黄鹂，
水上游船逐浪花。
鹤唤友，
蝶贪花，
初秋凉意爽千家。
银屏画里西湖景，
美酒杯前话桑麻。

廖周选：诗一首

登 白 塔

塔势春笋出，挺拔刺九重。

峥嵘照寰宇，突兀压华嵩。

八棱如刀削，十级摩苍穹。

蜗道极顶尽，攀蹑临虚空。

山麓巴江濯，新楼拔地耸。

一江跨二桥，相望试争荣。

绿树划经纬，宫灯满城红。

画艇弋嘉陵，江光摇古城。

蟠龙流云驻，锦屏朦胧中。

大道自北来，山川让其通。

铁道加高速，航运跃长空。

览胜兴勃然，夜寐见放翁。

莫安雷：诗三首

韶山情
——写在毛泽东百年诞辰之际

一轮红日出韶山，引唱雄鸡换人间。

创下九州旷世业，掘来四海幸福源。

丰功伟绩写春秋，文章哲理极峰巅。

是非得失任评说，但有口碑不绝传。

庆 尧 天

佳节同庆鼓乐喧，神州华裔庆尧天。

红旗飘飘盖大地，绿水溶溶兆丰年。

何谓中国威胁论，鼓吹遏华难上难。

蚍蜉撼树谈何易，堪笑螳臂挡车辕。

闲

任凭热风吹冷眼，

只把闲情戏流年。

白猪黑狗鼠在后，

污泥莲藕两不染。

胡绍志：诗一首

七十感怀

半生艰苦度时度，

晚景无限胜夕阳。

家道兴旺年年好，

国运昌隆岁岁强。

莫道中华难崛起，

科教兴国党有方。

两个文明齐推进，

和谐社会幸福长。

何兴雍：诗一首

退休闲吟

躬耕教坛四十年，
忙育桃李不等闲。
蜂采百花酿成蜜，
前人艰辛后人甜。

黄世杰：诗三首

春节，还乡下老家

久不回乡下，乡色仍未改。

城里胜事多，还望老家来。

除夕一顿饭，亲人多少爱。

不求别样事，死后此处埋。

游乾陵观无字碑

则天一代女圣皇，自古评说多乖张。

且立一块无字碑，功过任由后人讲。

我于碑前思良久，今人应比古人强。

自吹自擂太可耻，羞听愚盲颂无疆。

为妻白塔山题照

你我结姻缘，少得为游伴。

为了儿女故，苦累总无怨。

平常多忙碌，今日得空闲。

同游白塔山，留影后来看。

熊永德：诗一首

晚 年 乐

月明星稀照九州，诗情画意到白头。
喜看夕阳红胜火，幸福晚年乐无忧。

侯世鼎：诗一首

园 丁 颂

春蚕到死丝不断，留赠他人御岁寒。
辛苦耕耘做人梯，国强民富遂心愿。

岁
月
如
歌

胡文炎：诗一首

构溪河湿地风光

碧波荡舟构溪游，一帆览尽万壑秋。

几只白鹭点炊烟，一群黑鸭潜芦洲。

滩品渔翁忙撒网，河边牧童闲骑牛。

穗熟田畴果坠枝，白衫红襟忙秋收。

郑廷广：诗一首

难忘张家界

翠蜂簇拥百花妍，鸟语蝉鸣群猴欢。
闺门初开迎宾客，母子盼夫何时还。
始皇赶出遗金鞭，神鹰护鞭醉罗汉。
沉香救母文星岩，师徒四人去西边。
文豪鲁迅构思巧，双龟探头望紫潭。
三楠抢石枝叶茂，私语倾情庆团圆。
幽峡幻境多奇异，竖颈昂头骆驼山。
溪水哈哈送游客，神仙到此不回天。

邓孔凡：诗三首

2010 年陈美奂学兄来阆相聚赠诗

别时容易见时难，相聚相交六十年。

幸好耄耋少疾病，尤喜百姓无饥寒。

改革开放创盛世，构建和谐谱新篇。

待到家家小康日，再度相聚更欢颜。

别后 60 年阆苑重逢秦傅芳君书赠

剑师一别六十春，阆苑重逢柳青青。

坷坎岁月常怀旧，和平年代尤念君。

寒暑易节容颜老，春秋更迭日月新。

欣逢盛世无惆怅，相邀知己细谈心。

读常德群《老兵传》赠诗

捧读《老兵》意难平，信奉马列济苍生。

救国入诞缘何罪？卖祖求荣苟且生。

自古英雄多磨难，历来豪杰能屈伸。

壮志未酬情难尽，满目青山夕照明。

王观臣：诗二首

东 河 游

游船悠闲东河走，灿灿金浪咏金秋。
可望粮农钱袋鼓，国施良策福神州。

园 丁 乐

伴钟坐吧银河游，讲台粉笔绘绿洲。
桃李华夏结硕果，租赁庐舍乐余秋。

杨长朗：诗一首

栽　秧

早看田里翻白浪，
中午男女插秧忙。
农民兄弟真巧手，
左看右看都成行。

张安福：诗一首

重 阳 颂

三三节令好春光，九九重阳更芬芳。
秋高气爽人心畅，盛世华诞接重阳。
菊花倚风农家乐，农民丰收谷满仓。
佳节到来登高望，心旷神怡益健康。

李正林：诗一首

藏 题 诗

庆幸先辈开新宇，
祝福神州响春雷。
祖辈贫辱不复返，
改革开放始腾飞。
六甲励精展宏图，
十亿赤子显神威。
华夏朋友遍天下，
诞辰喜酒饮千杯。

张应文：诗一首

俏 夕 阳

阳春三月好风光，天鹅湖畔游春忙。

路走林荫向幽径，峰峦叠嶂色苍苍。

满目青松红杜鹃，静听山涧林涛响。

亭阁映湖五光色，醉人仙境共欣赏。

谭家湾啊休闲所，活动锻炼乐洋洋。

耳闻锣鸣鼓声响，吹拉弹唱吼高腔。

退休员工载歌舞，欢声笑语久回荡。

闲情溢趣也风采，学乐相融俏夕阳。

朱世辅：诗一首

盛世金婚庆典有感

弹指挥间六十年，患难相携到今天。

钻石金婚喜相庆，终老怡乐享天年。

贾信太：诗词二首

冬日怀想

冬夏春秋在讲堂，日升月落耕耘忙。
怀有传道授业志，喜见桃李满庭芳。

满江红·伤感

丝丝心痛，意彷徨，可存驿站。
离别愁，挥手飘雨，身影已远。
残梦惊心珠泪泣，
小屋灯下盼君还。
相思难，昨日依柳岸，越千山。
赋诗韵，窥娇艳，
悄无语，睡无眠。
昔锦屏赏枫，时过境迁。
怎知离别断肠苦，
泪湿衣襟忆缠绵。
爱何去？匆匆离散，
魂已断。

岁月如歌

侯国刚：诗一首

他那条路
——写在教师节

那条路　叠印

他行色匆匆的身影

那条路很清瘦

没有安适的驿站

行人稀少

虽然孔夫子那辆牛车的木轮

滚动成历史的太阳

虽然陶行知的草帽

升华为时代的新星

但他依然寂寞

那条路特有的坚硬　以及

那些严峻的岁月

太沉重的负荷

青枝绿叶般地结一枚

苦涩的人生

当然　那条路上

也有醉人的丰收

季节在七月

那时有鸽群翔飞

有鲜艳的花朵

有满园的歌声

他用喜悦的眼神收获——

看登上彼岸回头摇动的手臂

看渐渐没入天际的

雁阵

那时他的眼里

是一片托举华夏的栋梁

但他毕竟走得很累

甚至有些窝囊

他吃力地推动那只渡船

心里并不是一片静湖

困惑、烦恼以至伤感

也是属于他的心境

但他脚下是一方圣土

他必须抬起头来

看到更远的地方

倾听一个民族最紧迫的呼声

听钟声响了

他又振作精神上路——

他依旧在那条路上

虔诚地燃烧

那条路依旧在他脚下

寂寞地延伸……

莫秉端：诗四首

三十年后的聚会

二龙中学高 81 级毕业三十周年同学会，由成都的同学发起，于 2011 年 8 月 19 日至 21 日在蓉城举行。到会的海内外学子近七十人，教师十余人。感于同学们的真情厚意，赋诗一首：

在缺水断电的二龙中学

苦心孤诣的酿造

——五味俱全啊

经过三十年的挥发

有的散失殆尽

有的积久成"浓缩铀"

终于"爆炸"了

引来五湖四海的聚会

久别重逢的畅饮

激情澎湃的演唱

一往情深的诉说

热泪盈眶的回顾

毫无顾忌的交谈
——淡忘的又重新复活

啊！三十年风风雨雨
涤去浮躁与稚弱
历练出沉稳和苍劲
提炼了纯真与至爱

于是，在充满铜臭的空气中
有了一缕难得的清香
她让劳务纠结的魂灵
觅得休憩的家园

啊，三十年了
她没被经济大潮湮灭
尽管黑发变白
但她在聚会中壮大
偌大的蓉城怎装得下
人们相约未来
把她洒满天涯

思　念

从你窗前走过
翘望窗门紧锁

窗台上的红花
开得那么寂寞

从你窗前走过
窗花如荼如火
是强烈的惦记
还是无声的诉说

从你窗前走过
寂寞的窗花逐渐萎缩
三层楼上的窗台啊
想帮你浇灌却够不着

从你窗前走过
窗花奄奄一息地焦灼
你仍没有回来啊
是摧残，还是折磨？

游老君山

艳阳天气信登临，
绝顶鹃花映白云。
绰约最是采茶女，
一曲山歌更涤神。

岁月如歌

雨后夕阳忆"文革"有感

朝气蓬勃出海蓝，

雷电交加逝华年。

历尽风雨蓦回首，

恨抹血泪遍云山。

严炳和：诗一首

如果有来生……

我，一个从教近四十年的老教师，
在又一个教师节来临之际，
表一表自己的心声——
这就是，
如果有来生，
我仍愿教书育人。

曾有人说过，
教师，不就是"孩子王"吗？
成天价跟孩子们厮混。
是的，是孩子王。
可你是否知道？
和孩子们在一起，
你会青春永葆，
永远充盈着激情。
还有人说过，
教师，不就是一支蜡烛吗？

燃烧着自己，

照亮了别人。

是的，是蜡烛。

可你是否知道，

燃烧，那是无悔的奉献，

照亮，那是教师的本分。

也有人说过，

教师，不就是摆渡的船工吗？

把别人送达彼岸，

自己却永远在此岸留停。

是的，是船工。

可你是否知道，

彼岸是工厂，是农村，

是边疆，是军营；

此岸的你会听到，

他们立业的佳音，

建功的喜讯。

更有人说过，

教师，有什么当头？

地位低收入微薄。

是的，收入比不了富翁，

地位，比不了达官显贵。

可你是否知道，

他们精神富有，满腔赤诚；

地位虽低，

却与国家的富强密不可分。

"蜡烛"、"孩子王"也好，

"船工"、位低薪微也罢，

既然做了教师，

就无怨无悔；

因为这是教师人生价值的另一种体现，

另一种境界，

是信念与忠诚。

君不见，

天下的人们——

上自领袖伟人，

下至普通百姓；

无论巨商大贾，

无论达官贵人，

谁人不从师？

谁人不学 ABC？

谁人不学做人？

教师能做的就是——

传承文化，启蒙文明，

育人育心，播种爱情。

尽管平平凡凡，默默无闻。

教师朋友们，

不在乎他人的小觑，

不在乎自己的清贫；

不求名利双收，

岁月如歌

但愿无愧于心。

只要共和国的大厦上，

有我们投进的一砖一瓦；

只要民族复兴的路上，

有我们洒下的汗水，

就是我们的骄傲，

就是我们的荣幸。

此生我当了近四十年教师，

没有一丝儿的遗憾。

如果有来生，

我仍愿耕耘三尺讲台——

以身立教，

争做师德师风的排头兵；

做春蚕，

吐尽银丝织春景。

为人梯，

呕心沥血辅英才；

当红烛，

燃烧自己照别人。

黎炳祥：诗三首

雨　露

此刻，我的血液与空灵融合

汇成律动柔美的雨雪

星星缀我，月光洗我，阳光暖我

我要将一切在纯净中赤裸

思念的目光，找到高贵的颜色

把多情的音符缀满寂寞

我的微笑是铁的微笑

我的影子在烛光中消磨

我要用飓风的马车追赶

在拂晓前走出影子的旋涡

我要用心声唤绿每一处诗叶

让思想在雨露的滋润中深刻

落　叶

终于解脱了寒风欺凌困扰，

收归于根坦然无言的怀抱。

将难离难舍的情怀和孤寂，

留给了曾相依为命的枝条。

未曾辜负过根默默的托付，

去呵护花的色彩果的丰饶。

难为了根执着的撑持滋养，

到头来却只能以残躯相报。

翠绿成荫常迎来晨光微笑，

历尽风霜终究会焦黄苍老。

并未刻意追求生命的价值，

何必计较今生今世的辛劳。

芸芸众生，万籁不绝喧闹，

茫茫宇宙，一叶何其渺小。

春来冬去，梦幻生息延绵，

地久天长，我自愿零落飘摇。

日　子

日子是忧郁的冰块

在阳光下融化

日子是沉默的小溪

日子是一双筷子

夹着咸甜酸椒的现实

日子是一张木梳

总有理还乱的思绪

日子是一条没有尽头的路

日子是一道加减乘除混合的试题

日子是一座被船尾抛弃的岛屿

日子是一颗挂在人生额角上的汗滴

啊，日子是一轮鲜红的太阳

你痛苦，它也要升起

你幸福，它也要落下去

康得玉：诗一首

秋，出版了我的著作

秋　出版了我的著作
太阳　把我的肖像
印在烫金的封面上

当婀娜的风
披着金色的长发
开始轻轻地翻阅
欣慰和自豪
像两只满载的小船
一齐
驶进我情绪的海洋

我是劳动者
我向天空和大地宣布
我的心血　塑造了
众多的丰满的形象
红著把喜悦咽进心底

谷穗儿却让喜悦尽情流淌

向日葵回想起过去的迷茫

正低头忏悔

高粱呢　却默默地思考着

把舒心的日子

细细掂量

秋　出版了我的著作

每一页都紧扣着一个主题

沉甸甸的希望

成熟在丰沃的大地

张源：诗一首

共和国颂歌

人民共和国，

在内忧外患的阴霾中诞生，

在激烈的风暴中成长，

纵然命运多磨难，

纵然步履多艰难，

然而在人类历史上，

您却以——

宏伟的气魄，高大的形象，

傲然屹立在世界的东方。

在过去的岁月里，

您也曾有过无比的辉煌，

大汉，盛唐……

离骚、诗圣、四大发明……

博大精深的东方文化，

闪耀着人类的睿智与文明。

然而接踵而至的：

血雨腥风淹没了您，

贫困，愚昧遮盖了您，

曾记否：

卢沟桥上炮声起，

东北沦陷呼声激！

南京屠杀屈辱史。

"东亚病夫"的骂名啊！

桩桩件件皆雪耻。

而今东方的睡狮醒了，

向世界展示着华夏儿女的尊严。

共和国啊——

不再是茫茫的荒原，

不再是凄凉的黄沙，

幅员辽阔的疆土啊！

已变成五彩缤纷的锦缎。

亚运圣火更加耀眼。

"神舟七号"翱翔蓝天，

南水北调，西气东输，

三峡大坝更壮观！

改革硕果累累，

开放捷报频传。

看今日之中国，

谁不刮目相看！

何明国：诗一首

向离退休教育工作者致敬

问候秋风，问候阳光。亲爱的老师，别来无恙？

你们伴随共和国的风风雨雨，一路走来，历尽艰辛和劫难，用自己的心血和汗水，浇铸了我国教育事业辉煌的今天。

教室外，你们亲手栽下的小树早已成林，已能遮风挡雨。

校园里，你们精心培育桃李，争奇斗妍，芬芳无限。

如今，你们圆满完成了党和国家赋予的历史使命，告别了讲台，离开了校园，光荣退休了！

退休，这是人生的驿站。

虽白发秋风，倦鸟飞归，甚至身罹疾病，健康不再。

可壮心不老，风节依旧，仍然情系教育，心系国忧。

为汶川大地震赈灾，你们踊跃捐款。

为济困扶贫，你们慷慨解囊。

为教育事业的健康发展，你们建言献策、矢志不渝。

为社会的和谐稳定，你们奔走呼号，竭尽忠诚。

为祖国的未来，你们高瞻远瞩，关爱下一代，恩泽明天。

为书香门第薪火相传，你们言传身教，要儿孙知书达礼，爱我中华！

你们是我国教育事业的骄傲。

你们是我国教育战线的功臣。

党和国家惦记着你们，共和国的历史铭记着你们。

我们为你们祝福，我们向你们致敬。

年华似水，岁月逐云；人生易老，夕阳千金。

值此升平盛世，中华民族伟大复兴之际，衷心祝愿你们，生活幸福，心情舒畅，快快乐乐，晚霞绚亮！

岁月如歌

张柏林：诗一首

魂

当你们
稚口还没有消退
就把头颅别在腰间
义无反顾地扑入
铸造和平的征程

前仆后继
生还也算男儿汉
从万垒亡魂中站起
再赴九死犹无怨

国魂　将军
将军　国魂
谁挑战便是千秋罪孽
是人就该向往和平

张德富：诗一首

历史不会忘记

"七七"卢沟桥一声枪响，

从此，日寇侵略者的铁蹄，

踏遍中国这古老的土地。

祖国母亲被百般蹂躏，

到处是奸淫、烧杀、掳掠。

灾难深重的中华民族，

尸横遍野、血流成河。

多少人无家可归，

四处漂泊四处流浪。

中国啊，你这泱泱大国，

顷刻间就这样沦丧。

强盗们打着建立大东亚共荣圈旗号，

仅南京大屠杀就有 30 万中国人惨死。

731 部队在东北拿活人试验细菌武器，

国民党南京政府奉行不抵抗政策，

大肆叫嚷"攘外必先安内"

他们把枪口掉转，

一心要消灭"共匪"。

红色的革命圣地延安，

宝塔山下，延水河边，

一队队健儿英勇出征，

渡过黄河，北上抗日。

长城内外，太行山上，

青纱帐里，铁道线上，

到处是杀敌的战场。

亿万同胞同仇敌忾，

在艰难困苦中，同日寇拼死搏斗：

平型关大捷，

百团大战……

谱写了一曲曲抗日壮歌。

八年抗战终于赢来胜利，

中华民族扬眉吐气。

战犯东条英机签下了投降书，

中国人民雪了国耻，

最终把乾坤掌握在自己手里……

侯冰：歌词二首

走进阆中就走进了天堂

走进阆中就走进了天堂

古老神奇的阆中是中外游人的向往

你看那千古名城宛如一幅画

你看那阆苑仙境美景胜苏杭

你看那古亭园林披绿又滴翠

你看那风水宝地处处好风光

你看那下闳张飞功名千古颂

你看那科举状元四人题金榜

走进阆中就走进了天堂

古老神奇的阆中是中外游人的向往

你看那嘉陵江上轻风杨柳绿

你看那万里蓝天百鸟齐飞翔

你看那小伙帅如早晨的太阳

你看那姑娘美如水莲花绽放

你看那杜甫游阆留诗天下稀

你看那春暖人间阆中新气象

阆 中 美

阆中美，阆中美，

神工造就风水宝地。

漫游名城画中走，

红颜倩影如花蕾。

秦砖汉瓦说故事，

街谈巷议颂张飞。

阆中处处是仙境，

仙境醉人不知归。

阆中美，阆中美，

放眼阆中青山绿水。

嘉陵玉带绕古城，

"水鸡衔鱼来去飞"。

犀牛望月渔歌唱晚，

不夜名城火树银辉。

朝阳一抹吻名城，

名城一片新天地。

图书在版编目（CIP）数据

岁月如歌：阆中市离退休教育工作者文集／汤勇主编.
— 成都：四川文艺出版社，2013.1（2021.9 重印）
ISBN 978-7-5411-3579-8

Ⅰ . ①岁… Ⅱ . ①汤… Ⅲ . ①文艺−作品综合集
−中国−当代 Ⅳ . ①I217.2

中国版本图书馆 CIP 数据核字（2012）第 217647 号

岁月如歌
SUIYUE RUGE
阆中市离退休教育工作者文集
汤勇 主编

责任编辑	郭　健	
责任校对	贺　树	
封面设计	史小燕	
版式设计	史小燕	

出版发行　四川文艺出版社
社　　址　成都市槐树街 2 号
网　　址　www. scwys. com
电　　话　028-86259285（发行部）　028-86259303（编辑部）
传　　真　028-86259306

读者服务　028-86259285　028-86259287
邮购地址　成都市槐树街 2 号四川文艺出版社邮购部　610031

排　　版　四川胜翔数码印务设计有限公司
印　　刷　三河市嵩川印刷有限公司
成品尺寸　167mm×237mm　　1/16
印　　张　21.5
字　　数　280 千
版　　次　2013 年 1 月第一版
印　　次　2021 年 9 月第二次印刷
书　　号　ISBN 978-7-5411-3579-8
定　　价　58.00 元